전태일

불꽃이 된 노동자

지은이 **오도엽**
대학 시절 전태일의 일생을 다룬 『어느 청년 노동자의 삶과 죽음』을 읽은 뒤로 학생운동을 시작하였습니다. 1990년 공장에 취업해 노동운동을 하던 중 대전교도소에 수감되었고, 그곳에서 처음 쓴 글들로 전태일문학상을 받았습니다. 각종 매체에 시, 르포, 칼럼을 싣고 있으며 지은 책으로는 『그리고 여섯 해 지나 만나다』 『지겹도록 고마운 사람들아 – 이소선 여든의 기억』 『밥과 장미 – 권리를 위한 지독한 싸움』 등이 있습니다. 어린이를 위해 처음 쓴 이 책으로 어린 독자들이 전태일을 이해하는 데 조금이라도 보탬이 된다면 좋겠답니다.

그린이 **이상규**
어려서부터 만화 그리기를 좋아해서 신한은행 새싹 만화 공모전에서 입상하여 만화가가 되었습니다. 지금은 어린이책에 그림을 그리고 있습니다. '마법의 두루마리' 시리즈를 비롯해 『네버랜드 미아』 『숲자연학교에 가자!』 『큰 그림으로 보는 우리 역사』 등의 책에 그림을 그렸습니다.

한겨레 인물탐구 · 5
전태일 불꽃이 된 노동자

초판 1쇄 발행 2010년 11월 13일 | **4쇄 발행** 2020년 4월 29일
개정판 1쇄 발행 2022년 5월 20일

지은이 오도엽 | **그린이** 이상규

펴낸이 이상훈 | **편집인** 김수영 | **본부장** 정진항 | **편집** 한겨레아이들 | **디자인** 골무
마케팅 김한성 조재성 박신영 조은별 김효진 임은비 | **사업지원** 정혜진 엄세영

펴낸곳 (주)한겨레엔 | **주소** 서울 마포구 창전로 70 (신수동) 화수목빌딩 5층
전화 02-6383-1602~3 | **팩스** 02-6383-1610 | **출판등록** 2006년 1월 4일 제313-2006-00003호
홈페이지 www.hanibook.co.kr | **이메일** book@hanien.co.kr

ISBN 979-11-6040-826-3 74990
978-89-8431-366-8 (세트)

• 이 책의 인세 일부는 '어린이어깨동무'에 기부되어 북한 어린이를 돕는 데 쓰입니다.
• 이 책의 일부 또는 전부를 재사용하려면 반드시 저작권자와 (주)한겨레엔 양측의 동의를 얻어야 합니다.
• KC마크는 이 제품이 공통안전기준에 적합하였음을 의미합니다.
⚠ 책 모서리에 다치지 않게 주의하세요.

전태일
불꽃이 된 노동자

오도엽 글 | 이상규 그림

한겨레아이들

| 지은이의 말 |

전태일을 아시나요?

이 사진을 볼래요?

중학교나 고등학교를 다니는 학생들처럼 보이지요. 단발머리의 여학생과 짧은 스포츠머리의 남학생. 그런데 좀 이상하지 않아요? 교복을 입은 사람은 없네요. 어두침침한 배경을 보면 소풍을 온 것 같지는 않아요. 이들은 학생이 아니에요. 노동자예요, 옷 만드는 노동자. 소녀들의 나이는 열서너 살. 초등학교를 마치고 공장에 왔어요.

이 사진은 1965년에 청계천 평화시장 건물 안에서 찍은 거예요.

사진 가운데 자그마한 눈을 가진 청년이 있죠? 혹시 이 청년을 아세요?

전태일이에요. 평화시장 노동자 전태일. 1970년 11월 13일 세상을 떠난 청년이지요.

전태일은 우리가 책으로 읽거나 학교에서 배운 위인이나 영웅이 아니랍니다. 우리 이웃에서 만날 수 있는 아주 평범한 사람이에요. 보잘것없다고 눈여겨보지 않는 사람. 배운 것도, 가진 것도 없는 사람. 물론 명예나 지위도 없는 사람이지요.

이런 사람 이야기를 왜 하려는지 아세요?

전태일은 1965년에 평화시장에 갔답니다. 그곳에서 놀라운 현실을 마주하지요. 차마 입으로 담기 힘든, 거짓말 같은 현실을요. 충격에 빠진 전태일은 중대한 결단을 했어요.

평화시장에서는 무슨 일이 있었을까요?

전태일의 중대한 결단은 무엇일까요?

40년 흐른 지금, 전태일 이야기를 다시 꺼내는 건 어떤 의미가 있을까요?

이 책은 이 물음들을 쫓아가는 길잡이가 될 거예요.

한 가지 밝혀 둘 게 있어요. 이 이야기는 제가 몇 해 전에 부산 금샘 초등학교 5학년에 다니던 딸 겨리에게 보냈던 편지를 바탕으로 했어요. 겨리의 친구들이 함께 읽을 수 있도록 편지에 쓴 이야기를 모아 한 권의 책으로 엮었답니다.

오도엽

차례

지은이의 말　4

1. 밑바닥 시절
　어린 시절　12
　청옥 시절　20
　흩어진 가족　28

2. 바보 전태일
　청계천 평화시장　42
　열세 살 시다 순이　45
　재단사가 되다　53
　근로기준법을 만나다　61
　바보들의 모임　69

3. 결단

어린 여공들의 품으로　86

삼동 친목회　94

신문에 나다　103

저항　108

1970년 11월 13일　114

전태일은 끝나지 않았다　120

1. 밑바닥 시절

겨리야!

아빠는 오늘 어느 아름다운 청년의 삶과 사랑에 대해 말하고 싶어 편지를 쓴단다.

전태일. 혹시 이름을 들어 본 적 있니?

전태일은 1948년에 대구에서 태어났어. 일제의 강점에서 해방된 겨레가 3년 만에 남과 북에 따로따로 정부를 세운 해야. 삼팔선으로 갈라졌던 겨레는 1950년 한국전쟁을 겪지. 해방과 분단, 그리고 전쟁으로 이어지는 어지러운 시절에 태일이는 어린 시절을 보냈어.

태일이의 아버지 전상수는 옷 만드는 기술자란다. 어머니는 훗날 사람들이 '노동자의 어머니'라고 부르는 이소선이고.

태일이는 맏아들이야. 밑으로 남동생 태삼과 여동생 순옥, 순덕이가 있지.

태일이가 어렸을 때는 어디나 배고픔에 허덕이는 사람들로 넘쳐났어. 전쟁이 끝나자 사람들은 서울로 몰려들었어. 큰 도시에 가면 일거리가 있을 거라 생각했지. 동냥을 하고, 신문을 팔고, 구두를 닦고, 고물을 줍고, 지게로 짐을 옮겨 주고, 심지어 담배꽁초를 주워 파는 사람도 있었어. 굶어 죽지 않으려고 온갖 험한 일을 했단다. 어린이나 노인이나, 여자나 남자나 가리지 않고 일거리를 찾아 헤맸어.

그곳에서 태일이 이야기는 시작돼.

어린 시절

"솥 사려! 쓰레받기나 삼발이(둥근 쇠 테두리에 발이 세 개 달린 기구. 불 위에 놓고 주전자, 냄비, 작은 솥 따위를 올려놓고 음식물을 끓이는 데 쓴다)요!"

"솥 사려. 쓰레받기나 삼발이……."

무릎이 해어진 꼬질꼬질한 옷을 입은 태일이가 목청껏 외치면 동생 태삼이가 기어 들어가는 목소리로 따라 했어.

"큰 소리로 외쳐야지. 그래 가지고 누가 물건을 사겠냐!"

태일이가 동생을 나무라는 거야.

"힘이 있어야 외치시. 아침부터 쫄딱 굶었잖아. 이젠 한 발짝도 못 걷겠어."

태삼이가 길바닥에 털썩 주저앉았어.

"태삼아. 좀만 힘내자. 몇 개라도 팔아야 국수를 사지. 동생들이 굶고 있잖아. 우릴 눈 빠지게 기다릴 텐데."

형제는 줄에 매단 나무 상자를 목에 걸고 있어. 상자 안에는 온갖 잡동사니가 들어 있어. 솥, 삼발이, 조리, 석쇠, 수세미…….

형제가 동대문 시장에서 받아 온 생활용품이야. 가게에서 외상으로 물건을 가져다 주택가를 돌아다니며 파는 거야. 물건이 팔리면 가게에 물건 값을 주고 남은 돈을 집으로 가져가지.

"수세미요, 구둣솔이나 조리요!"
한여름 땡볕이 형제의 머리를 뜨겁게 달구고 있어.

1954년 여름이야. 전쟁이 끝나자 태일이네도 서울로 왔어.
서울은 북쪽에서 내려온 피난민과 일자리를 찾아 농촌에서 올라온 사람들로 복작거렸어. 전쟁 통에 부모를 잃은 고아들도 거리에 널려 있었지.
사람들로 가득한 서울. 하지만 태일이네를 반겨 줄 사람은 어디에도 없어. 당장 잠잘 곳조차 없었지.
아버지는 식구들을 서울역 옆 염천교로 데려갔어. 길가에서 시래기죽을 두 그릇 사서 온 식구가 나눠 먹었어.
"여기서 기다리고 있어. 일자리를 찾아보고 올게."
죽을 먹고 나자 아버지는 일자리를 찾아 나섰어.
염천교 밑에는 전쟁 때 가족을 잃은 고아들이 거적으로 비바람만 겨우 가리고 살고 있었어. 낮에는 거리를 떠돌며 동냥을 하고 밤에는 이곳에 와서 자는 거야.
"어얼씨구씨구 들어간다. 저얼씨구씨구 들어간다. 작년에 왔던 각설이가 죽지도 않고 또 왔네."
동냥을 나갔던 아이들이 이곳저곳에서 깡통을 두들기며 몰려들었어. 다리를 우스꽝스럽게 옆으로 쳐들며 각설이 타령을 불렀어.
"형아도 저 노래 아나?"

"내가 해 볼까? 봐라, 요리 오른발을 올렸다 내리면서 왼발을 앞뒤로 흔들며 올리는 거야."

태일이가 거지 흉내를 내며 각설이 타령을 따라 불렀어.

그때야. 멀리서 이 모습을 본 어머니가 소리치며 달려오는 거야.

"뭐하는 짓이냐! 이리 오지 못해!"

어머니는 태일이 어깨를 손바닥으로 내리쳤어.

"엄마, 아직도 아버지가 오지 않잖아. 순옥이가 배고파 울잖아. 그러니 내가 동냥이라도 해야지. 아버지가 없으면 장남인 내가 가장이잖아."

태일이가 어머니 얼굴을 빤히 쳐다보며 말했어.

어머니는 말을 잃었어. 태일이를 때리려고 쳐들었던 팔도 스르륵 맥을 잃고 떨어졌어.

"동냥을 하더라도 내가 한다. 다시는 그딴 짓 따라 하지 마라!"

어머니는 태일이 손을 낚아채듯 잡더니 한 기와집 처마 아래로 데려갔어.

밤이 깊었어. 아버지는 돌아오지 않았어. 갓 태어난 순옥이는 어머니 등에 업혀 칭얼칭얼 울어. 네 살배기 태삼이도 잠이 쏟아지니까 짜증을 내고.

"태일아, 헌 가마니 쪼가리라도 있으면 구해 와라. 잠자리라도 어떻게 만들어야지."

그날 밤 태일이네는 처마 밑에 가마니를 깔고 잠을 잤단다. 다행히

여름이라 춥지는 않았어.

다음 날 아침, 어머니는 순옥이를 업고 밥 동냥을 나섰어. 얼마나 배가 고픈지 눈조차 제대로 뜨지 못하고 맥없이 앉아 있는 자식들을 넋 놓고 바라만 볼 수가 없었단다.

한나절이 지났어. 어머니가 찌그러진 양푼에 밥을 얻어 왔어. 어깨를 축 늘어뜨리고 담벼락에 기대어 앉아 있던 태삼이는 밥을 보자 눈이 동그라니 커졌어. 손바닥으로 밥을 한 움큼 푸더니 허겁지겁 입에 쑤셔 넣는 거야.

"야야, 체할라. 천천히 먹어라."

동냥해 온 밥은 금세 동이 났지.

배를 채운 태삼이가 끄윽 트림을 하며 어머니한테 묻는 거야.

"엄마, 우리 밥은 왜 이리 얼룩덜룩해?"

"뭐? 얼룩덜룩?"

어머니는 무슨 뜻인지 몰라 고개를 갸웃했어.

"맞네. 알록달록!"

옆에 있던 태일이가 손뼉을 딱 치며 말했어.

이집 저집 돌며 동냥해 온 밥이라 거무칙칙한 보리밥, 허연 쌀밥, 오래되어 누렇게 굳은 밥, 약간 삭아 불그스레한 밥이 뒤섞여 있었던 거야.

나흘이 지나서야 아버지가 식구들을 찾아왔단다. 아버지는 그동안 이곳저곳을 떠돌며 날일(하루치 일한 만큼 돈을 받고 하는 일)을 다녔어. 얼마간 돈이 모이자 식구를 찾아온 거지.

"사람은 많은데 일자리는 턱없이 부족해. 일이 있으면 서로 하려고 눈을 부라리고 달려들어. 집에 오가며 일할 처지가 아니야."

아버지는 당분간만 더 고생하라는 말을 남기고 다시 일을 찾아 나섰어.

어머니는 아버지가 주고 간 돈으로 팥죽 장사를 시작했단다. 그 돈으로 밥을 사 먹었다가는 며칠 못 가 또 동냥을 다녀야 하잖아.

어머니는 낮에는 순옥이를 업고 장사를 다니고, 밤에는 남의 집 처마 밑에서 장작을 지펴 팥죽을 쑤었어.

태일이는 태삼이와 함께 나무토막을 주우러 동네를 샅샅이 뒤졌어. 어머니가 밤에 팥죽을 쑬 때 쓸 장작을 미리 장만한 거야.

어머니가 미처 팔지 못한 팥죽을 머리에 이고 돌아오면 그게 그날 저녁이었어. 팥죽을 다 판 날은 어머니가 시래기 한 다발과 납작 보리쌀을 사 왔어. 시래기를 푹 삶고 보리쌀을 한 줌 넣어 죽을 쑤었어.

아버지는 날일을 하고 어머니는 갖은 행상(이리저리 돌아다니며 물건을 파는 일)을 한 끝에 남산 자락에 천막집을 샀어. 그 시절 남산 비탈에는 가난한 사람들이 옹기종기 천막을 치고 살았단다.

아버지는 집에 중고 재봉틀을 한 대 들여놓고 삯바느질을 시작했어. 군불을 땔 수 있는 방, 빗물이 새지 않는 자그마한 셋집을 얻으려고 부지런히 일했지. 다행히 아버지의 재봉 솜씨가 좋았던 덕에 일감이 끊이지 않았단다.

돈이 모이자 남대문 시장 대도 백화점에 가게를 차렸어. 2층 공장에서 옷을 만들어 1층 가게에서 팔았단다. 옷 장사는 잘됐어. 판잣집도 한 칸 장만했지.

"여보, 어디 돈 빌릴 곳 없을까? 내게도 기회가 왔어. 이번 일만 마치면 큰돈을 벌 수 있어. 어서 미싱도 더 사고 직원들도 늘려야 해."

아버지는 중·고등학교 교복 수천 벌을 한꺼번에 주문받았어. 박 사장이라는 중간 상인이 알선한 일이었지. 옷을 납품할 날이 얼마 남지 않아 작업을 서둘렀어.

옷 만들 천은 외상으로 가져오고, 어머니가 이웃들에게 어렵사리 빌린 돈으로 재봉틀 여섯 대를 새로 샀어. 네댓 명이 일하던 공장에 스무 명 넘게 직원들이 들어와 일했어. 몇 날 며칠 밤을 새워 옷을 만들었지.

힘겹게 일한 덕에 새 학기 시작에 맞춰 교복을 납품했단다. 이젠 돈 받을 일만 남았어. 그런데 수금 날짜가 되었는데 박 사장이 사라진 거야. 아무런 말도 없이. 아버지는 옷을 납품한 학교로 찾아갔어.

"박 사장이 엊그제 찾아와 돈을 다 줬어요."

아버지가 사기를 당한 거야. 빚쟁이들이 가게로 들이닥쳤어. 결국 공장, 재봉틀, 판잣집, 살림살이까지 모두 날렸어. 아버지의 꿈도 산산이 조각났지.

태일이가 세 살 때 찍은 가족 사진. 앞줄 오른쪽이 전태일, 뒷줄 왼쪽부터 큰아버지, 아버지, 어머니, 동생 태삼

사기꾼을 찾지 못한 태일이 아버지는 분한 마음을 술로 달랬어. 어머니는 충격이 컸던지 정신을 잃고 말았지.

태일이는 초등학교를 그만두었어. 어떻게든 돈을 벌어야 했어. 몸이 아픈 어머니, 배고픈 동생들을 모른 척하고 학교를 다닐 수 없었어.

"솔 사려! 쓰레받기나 삼발이요!"

그래서 태일이는 물건을 떼어 장사를 시작했던 거야.

청옥 시절

1963년이야. 태일이는 열여섯 살이 되었지. 봄바람이 불고 벚꽃이 한창 피어날 때지.

아버지는 작은집의 도움으로 대구에 내려와, 재봉틀을 다시 들여놓고 삯바느질을 시작했어. 술도 끊고 착실한 가장 노릇을 했단다.

"태일아, 이제 학교에 다녀라. 네가 다닐 학교가 있단다."

밖에 나갔다 들어온 어머니가 들뜬 목소리로 말했어.

"학교라고요? 아버지가 저리 바쁜데 제가 어떻게……."

태일이는 대구 명덕초등학교 안에 임시 건물로 허름하게 지은 청옥 고등 공민학교에 입학했어. 고등 공민학교란 집안 형편이 어려워 중학교에 가지 못한 청소년들이 다니던 학교야. 학생들은 낮에는 일하고 밤에 수업을 받았지.

태일이는 남들보다 늦게 5월에 입학을 했어. 이미 진도가 두 달이나 나갔지. 초등학교 4학년을 다니다 그만둔 터라 수업을 쫓아가기가 무척 힘들었어. 다른 학생들은 쉬는 시간에 수다를 떠는데 태일이는 영어 단어와 수학 공식을 외웠지. 훗날 태일이는 말했어.

나는 기초 지식이 없어 영어와 수학 과목은 이해하기가 무척 힘이

들었다. 그렇지만 다른 과목은 다 재미있다. 50분 수업 시간이 너무 짧은 것 같았다. 정말 하루하루가 나를 위해 있는 것 같다. …… 우리 반 부실장은 김예옥이라는 예쁘게 생긴 여학생이다. 반에서 1, 2등을 다투는 수재였다. 나는 김예옥이 좋았다. …… 우리반 실장이던 박천수가 학교에 못 다니게 되자, 담임 선생님이 나에게 실장을 맡겼다. 코피를 흘리며 열심히 공부한 덕이다.

    태일이의 단짝은 원섭이와 재철이였어.
    원섭이는 성격이 차분하고 입이 무거워 애늙은이 같아. 반면에 재철이는 성격이 활달해. 여학생한테 스카프를 빌려 머리에 두르고 춤을 추곤 했어. 노래도 잘 불렀지.
    낮에는 아버지 일을 돕고, 밤에는 학교를 다니느라 태일이가 친구들과 보낼 수 있는 시간은 새벽뿐이야. 아침 6시에 눈을 뜨자마자 재철이네로 달려가면 원섭이도 와 있어. 아령이나 역기로 운동을 하며 알통 크기를 서로 자랑했지.
    청옥 시절, 태일이가 가장 마음에 둔 친구는 부실장 김예옥이야. 태일이와 예옥이가 학급 회의를 번갈아 진행했어. 태일이는 친구들을 웃기며 관심을 끌었고, 예옥이는 가냘픈 목소리로 논리 있게 설명하며 친구들의 시선을 모았어.
    남 앞에서 말하기를 좋아하는 태일이가 꿀 먹은 벙어리가 될 때가 있어. 바로 예옥이 앞에서야. 태일이는 새까만 머리카락을 두 갈래로

시간이 몇 년 흐른 뒤 청옥 시절 친구들을 만나 찍었다. 맨 왼쪽이 태일이

가르마를 지어 고무줄로 질끈 묶은 예옥이가 곁으로 다가오면 가슴이 두근두근 해서 입이 굳어. 얼굴은 벌겋게 달아오르고.

 태일이의 꿈같은 청옥 시절은 그리 오래가지 못했단다. 그해 겨울, 태일이는 학교를 그만두어야 했어.
 일거리가 많이 밀려들었어. 하지만 사람을 들여서 일할 처지가 아니었지. 식구들이 달라붙어 밤새워 일해야 겨우 굶지 않았거든.
 한 사람 일손이 아쉽던 때라 아버지는 태일이가 학교에 가는 게 달

갑지 않았지. 납품 날짜는 다가오는데 일이 산더미니 조급한 거야.

아버지는 애초에 태일이를 학교에 보낸 게 어리석었다고 생각했단다. 태일이가 지금 고등 공민학교를 마친다고 해도 아무짝에도 소용없는 일이라 여겼어.

"니 나이 열여섯 살에 중학교 1학년이야. 언제 고등학교에 가고 대학에 간단 말이냐. 어떻게 공부로 성공한단 말이냐. 주제를 알아야지. 어디 장관이나 국회의원들이 공부를 가지고 하는 줄 알아. 돈 가지고 하는 거야, 돈! 스무 살, 서른 살이 넘어도 돈만 있으면 공부는 얼마든지 할 수 있어. 분수를 알고 살아!"

태일이는 더 열심히 일할 테니 학교만은 다니게 해 달라고 사정했어. 아버지는 들은 척도 안 했지. 훗날 태일이는 말했어.

아버지의 그 말씀을 듣는 순간 나는 눈앞이 깜깜하였다. 아버지의 분부는 거역할 수 없다. 그렇지만 학업을 중단하기는 더욱 싫었다. 하루하루 나의 생활 속에서 배움을 빼 버리면 무슨 희망으로 살아가겠는가? 정말 애가 타고 불안하기만 하다. 내 나이 열여섯 살에 중학교 1학년인데 지금 또 학업을 중단하면 나는 영영 배움의 길이 막히는 것 아닌가. 나는 무섭고 괴로운 결단을 내릴 때가 온 것 같다. 그렇다. 집을 나가자. 학업을 그만둔다는 것은 죽기보다 더 싫다. 서울로 올라가 고학을 하자.

찬 겨울바람이 문풍지를 때리는 어느 날 밤, 어머니와 아버지가 잠시 집을 비운 틈에 태일이는 동생 태삼이를 데리고 몰래 집을 나갔어. 아버지가 팔려고 만들어 둔 어른 점퍼 여덟 장을 훔쳐서.

점퍼를 팔아 서울에 자그마한 방이라도 얻을 생각이었어. 한 벌에 1,200원이니까 여덟 장을 팔면 만 원 가까이 될 거라 생각한 거지.

'이 돈이면 한 달 치 방세는 문제없다. 생활비는 구두를 닦거나 신문을 팔면 해결될 거야.'

막상 태일이가 점퍼를 들고 상점을 찾아가니 반값도 쳐주지 않아. 상인에게 겨우겨우 사정을 해서 받은 돈이 5,600원. 월세방 얻기에는

턱없는 돈이었지.

　당장 태삼이와 서울에서 지낼 곳이 없어. 궁리 끝에 나무로 만든 사과 궤짝을 샀어. 궤짝 열두 개를 이어 바람막이라도 할 셈이었지. 밖에서 보면 커다란 개집처럼 보여. 그 궤짝 안에서 형제는 서로를 꼭 껴안고 잤어.

　얼마나 잤을까? 누군가가 밖에서 궤짝을 발로 차는 거야.

　"누구세요?"

　태삼이가 궤짝을 들추며 얼굴을 내밀었어.

　"아이코 깜짝이야!"

손전등을 든 사람이 깜짝 놀라 뒤로 물러서는 거야. 무심코 궤짝을 발로 찼는데 사람이 튀어나오자 질겁한 거지.

"어라, 두 놈이네. 너네 가출한 거지? 잘 걸렸다. 이리 나와!"

궤짝을 발로 찬 사람은 순찰 나온 경찰이었어. 경찰은 태일이 형제를 집 나온 불량 청소년으로 여긴 거야.

"아니에요. 저희는 대구에서 공부하러 온 학생이에요. 고모 집에서 학교를 다니려고 온 거예요. 밤이라 길을 잃어 여기서 잔 거란 말이에요. 이것 봐요. 교복하고 교과서예요."

경찰은 손전등을 비추며 형제를 찬찬히 훑어봤어. 교복과 교과서를 가지고 있는 걸 보니 불량배는 아닌 것 같아.

"여기서 자면 위험해. 불량배라도 만나면 어쩔 거야. 집은 찾을 수 있냐?"

경찰의 목소리가 한결 부드러워졌어. 도리어 형제를 걱정해 주는 거야.

"어젠 어두워서 골목을 못 찾았어요. 이제 동이 트니 길을 알 것 같아요. 지난 방학 때도 우리끼리 왔었어요."

태일이 형제는 서둘러 궤짝을 치우고 길을 나섰어. 경찰에게 끌려갈까 봐 몸을 바들바들 떨던 태삼이는 앞만 보며 잰걸음으로 걸었어.

"형아야, 경찰 이젠 안 보이나?"

한참을 걸어간 뒤에 태삼이가 크게 한숨을 내쉬며 물었어.

"바보처럼 겁먹긴. 내가 누구냐? 나만 믿어."

태일이는 제 가슴을 툭툭 치며 말했어.

"오늘부턴 돈을 벌자. 넌 신문을 팔아. 난 구두를 닦을 테니까. 흩어져 일하다 저녁에 서울역에서 만나는 거야."

"……"

태삼이는 형의 말에 고개만 힘없이 끄덕였어. 훗날 태일이는 말했어.

동생과 만나기로 한 서울역으로 갔다. 동생은 아침에 가져온 신문을 고스란히 가지고 있다. "한 장도 못 판 거야?" 내가 묻자 동생은 시무룩한 얼굴로 말했다. "다방에 신문 팔러 들어갔다가 그 구역에서 신문 팔던 애들한테 걸려서 얻어맞기만 했어." 동생은 역에서 쏟아져 나오는 여행객을 보며 눈물을 글썽였다. "형, 집에 가자. 엄마가 보고 싶고, 엊저녁엔 추워서 한잠도 못 자겠더라. 오늘 저녁에는 궤짝에서도 못 잘 텐데 우얄래."

태일이 형제는 서울에 올라온 지 사흘 만에 다시 대구로 내려왔어. 서울은 가진 것 없는 형제를 받아 주지 않았어. 구두닦이를 하며 고학의 꿈을 이루려고 했지만 실패하고 만 거야.

흩어진 가족

어머니가 서울로 가기로 했어. 식모살이를 해서 돈을 벌겠다며 나선 거야.

"돈을 벌면 곧바로 부를 테니, 그동안 동생들을 잘 보살펴라."

어머니는 태일이에게 동생들을 부탁하고는 자그마한 보따리를 챙겨 집을 나섰어. 어린 동생들은 징징 울고, 아버지는 등을 돌린 채 벽을 마주하고 앉아 술을 마셨지.

어머니가 떠나자 아버지는 술로 나날을 보냈어. 돈이 없으니 세간을 하나둘 고물상에 팔아 술을 샀어. 나중에는 밥 지을 솥조차 고물상으로 넘어갔지.

"오빠야, 엄마한테 가자. 응?"

막내 순덕이는 날마다 엄마가 보고 싶다고 보챘어. 어머니는 식모살이를 간 지 한 달이 넘었건만 아무런 소식이 없어. 이대로 있다간 굶어 죽을 처지야.

태일이는 막내를 업고 서울로 갔어. 돈은 없지, 배고픈 순덕이는 울지, 태일이는 어머니를 찾는 일보다 다섯 살밖에 안 된 막내 순덕이를 어찌할지 몰라 막막했어. 한겨울 추위가 언 살갗을 파고들었지.

등에 업힌 순덕이가 길가에서 쪼그려 앉아 팥죽을 파는 아주머니를 봤어. 순덕이는 오빠 어깨를 마구 흔들며 졸랐어.

"오빠, 배고파."

"……."

태일이는 순덕이 말을 무시하고 팥죽 장사를 지나쳤어.

"오빠, 죽 먹고 싶어. 죽 먹고 싶단 말이야!"

순덕이가 오빠 등에 이마를 찧으며 떼를 썼어.

"돈이 있어야 사 주지, 돈이!"

태일이가 버럭 소리를 질렀어. 등에 업힌 동생의 엉덩이를 손바닥으로 때리며.

순덕이는 태일이의 성난 목소리에 놀랐어. 한 번도 자신에게 큰 소리를 친 적이 없던 오빠였어. 순덕이는 소리 내어 울 수가 없었어. 오빠 등짝에 얼굴을 묻고 굵은 눈물을 흘렸어. 순덕이의 설움이 태일이의 등을 적셔 왔어.

'내가 지닌 것이라곤 이 교복밖에 없다. 이걸 팔자.'

태일이는 입고 있던 겨울 교복 윗도리를 팔려고 남대문 시장 헌 옷 가게를 찾아갔어. 청옥 고등 공민학교를 다닐 때 아버지가 만들어 준 교복이야. 시장에서 새 걸 사려면 300원이 훌쩍 넘을 거야.

"아줌마, 50원만 주세요."

"안 된다 했잖아. 30원 이상은 줄 수 없어."

사정사정을 했지만 소용없었어. 태일이는 30원을 손에 쥐고 가게를 나왔어. 매서운 바람이 파고들었어. 태일이는 군데군데 구멍이 나고 누렇게 색이 바랜 채 축 늘어진 내의만을 웃통에 걸치고 있었단다.

태일이는 서둘러 식당으로 들어갔어. 가격표를 보니 백반 한 그릇이 30원이야.

태일이는 하얀 쌀밥을 숟가락으로 떠서 순덕이 입에 넣어 주었어.

"오빠, 밥이 진짜 달다."

순덕이 얼굴에 오랜만에 웃음꽃이 폈어.

"오빤 안 먹어?"

"응, 오빠는 배 안 고파."

"왜 오빤 밥 안 먹어도 배 안 고파?"

밥 한술에 생기를 찾은 순덕이는 초롱초롱한 눈빛으로 오빠한테 물었어.

"순덕이도 오빠만큼 크면 배 안 고파."

"정말?"

순덕이는 밥을 오물오물 씹으며 신기한 듯 오빠를 바라봤어.

태일이는 동생을 업고 서대문 네거리에 있는 적십자 병원 앞으로 갔어.

'순덕이를 여기다 버려 두면 누군가 데려가 키워 주겠지. 나랑 있는 것보다야 나을 거야.'

태일이는 동생을 길가에 버리기로 했어. 동생을 데리고는 신문팔이도 구두닦이도 할 수 없어. 어린 동생을 굶기며 어디 있는지도 모르는 어머니를 무작정 찾으러 돌아다닐 수도 없는 노릇이고.

"오빠가 밥 얻어 올 테니 여기 있어."

"응. 빨리 와, 오빠."

아무것도 모르는 순덕이는 오빠를 빤히 쳐다보며 말했어.

태일이는 순덕이를 남겨 두고 돌아섰어. 하나, 둘, 셋…… 스물아

홉, 서른. 태일이는 한 번도 뒤돌아보지 않았어.

'이젠 순덕이가 보이지 않겠지.'

서른 발자국을 간 태일이는 힐끗 뒤를 돌아보더니 냅다 달리기 시작했어. 겨울바람이 얼굴을 세차게 때렸어.

'응. 빨리 와, 오빠.'

하지만 아무리 도망치려 해도 순덕이의 마지막 목소리가 귀에서 떨어지지 않아. 순덕이의 동그란 눈망울이 앞을 가로막는 거야. 태일이는 돌아섰어. 죄책감에 도저히 도망칠 수가 없었어.

"순덕아, 이 못난 오빠를 용서하고 제발 그 자리에 있어 다오. 제발."

훗날 태일이는 말했어.

나는 거의 짐승의 울부짖음을 토하면서 병원이 보이는 데까지 달려왔다. 보니 동생이 서 있던 곳 근처에 웬 사람들이 에워싸고 있었다. 몇 미터 안 남았지만, 피를 말리는 것 같은 불안감과 죄책감에 헐떡였다. 숨이 끊어지는 것 같았다. 다행히도 그 자리에 그대로 서 있는 동생의 모습. 고사리 같은 두 손은 얼어서 발개지고, 내가 나타나는 순간 얼마나 큰 소리로 울면서 나에게 달려들었던가?

태일이는 순덕이를 꼭 껴안았어.

"오빠!"

같이 있으면 함께 굶어 죽을 처지였지만 차마 어린 동생을 버릴 수도 없었단다.

남매 주변에 있던 아주머니들은 손수건으로 눈물을 훔쳤어. 사연을 듣지 않아도 기막힌 남매의 처지가 마음으로 전달된 거야.

머리가 희끗희끗한 아저씨 한 분이 태일이 어깨를 두들겼어.

"시청에 가 봐. 그곳에 가면 동생을 맡아 줄 거야. 동생이 어디로 가는지 꼭 알아 두고."

아저씨는 태일이 손에 십 원짜리 종이돈 다섯 장을 쥐여 주며 말했어.

"이걸로 헌 윗도리라도 사서 입어. 이 엄동설한에 그리 다니다간 얼어 죽는다."

태일이는 아저씨한테 고맙다는 말도 미처 못했어. 한 손에는 돈을, 다른 손으로는 동생을 잡고 뒤돌아 가는 아저씨를 멍하니 바라만 봤어.

'정말 시청에 가면 동생을 보살펴 줄까?'

다른 방법이 없었어. 태일이는 동생을 데리고 시청 미아보호소로 갔어. 시청 직원에게 사정을 이야기했어. 직원은 종이를 내밀며 부모님 이름, 대구 집 주소를 적으라고 했어. 글씨를 쓰는 태일이 손이 바들바들 떨렸어.

잠시 뒤 자그마한 버스가 왔어. 태일이는 순덕이를 버스에 태우고 얼른 도로 내렸어.

"오빠는 왜 안 타?"
"오빠는 일자리를 알아보고 좀 이따 갈 거야."
"싫어. 그럼 나도 오빠랑 이따가 갈래."
순덕이가 버스에서 내리려고 하는 거야.

"오빠가 금방 뒤쫓아 갈게. 가면 맛난 밥도 주고 예쁜 옷도 줄 거야."

"싫어. 싫단 말이야. 옷 싫어. 밥 싫어. 난 오빠만 있으면 돼."

시청 직원들이 버스에서 내리려는 순덕이를 뒤에서 붙들었어. 순덕이는 목청껏 울며 발버둥을 쳤어. 문이 쾅 하고 닫혔어. 검은 매연을 뿜으며 순덕이를 태운 버스가 떠났어.

태일이는 구두닦이로 나섰어. 하루빨리 순덕이를 데려오려고 열심히 돈을 모았어. 순덕이는 시청의 도움으로 천호동에 있는 보육원으로 갔어. 태일이는 가끔 빵을 사 가지고 보육원을 찾아가 순덕이를 만났어. 순덕이는 차츰 말수가 줄어드는 것 같았어. 울지도 않고 오빠와 함께 가겠다고 투정도 부리지 않아.

형을 뒤쫓아 서울로 올라온 태삼이는 여인숙에서 물을

생활비를 벌기 위해 소년들이 거리에서 구두닦이를 하고 있다. 1966년

길어다 주는 허드렛일을 하며 지냈어. 식모살이를 하던 어머니는 고된 일을 이기지 못하고 그만 병을 얻었지. 한동안 요양을 한 뒤에 시장에서 배추 우거지를 주워다 동네를 돌아다니며 팔았어. 뒤늦게 순옥이와 함께 올라온 아버지는 평화시장에 있는 옷 만드는 공장에 취직했어.

가족들이 뿔뿔이 흩어져 돈을 모았어. 1년 남짓 고생한 끝에 남산 기슭에 판잣집을 얻었지. 그제야 식구들이 한 지붕 아래 모였어.

보육원에 맡겼던 막내 순덕이도 데려왔어.

순덕이는 예전과 달랐어. 식구 가운데 가장 먼저 잠자리에서 일어나. 홀로 세수를 하고는 거울 앞에서 머리를 얌전히 빗어. 그다음에는 묵묵히 벽만 바라보며 앉아 있는 거야. 바보처럼 멀뚱하니. 웃지도 그렇다고 울지도 않아. 그토록 애타게 찾던 어머니를 보고도 말이 없어.

"순덕아, 왜 그러고 앉아만 있냐?"

"이러지 않으면 선생님께 야단맞아. 말을 하면 떠든다고 벌 받아. 하루 종일 손들고 있어야 해. 오빠가 찾아올 때 울었다고 회초리도 맞았어. 그날 밥도 안 줬단 말이야!"

순덕이는 엉엉 울며 가슴 깊숙이 맺혀 있던 응어리를 토해 냈어.

겨리야!

"지지리도 가난해 학교도 못 다니고 거지처럼 산 것이 뭐가 좋은데? 뭐가 아름답다는 거야!"

겨리 말에 아빠는 뜨끔했단다. 어제는 끝까지 들어 보면 알 거라며 대충 얼버무렸지.

겨리 말이 맞아. 가난한 것, 돈이 없어 공부를 못한 것, 거지처럼 길을 떠돌며 산 것, 이런 삶이 아름답다는 말은 아니야.

태일이가 어린 시절을 떠올리며 쓴 일기에 이런 구절이 있단다.

"나는 언제부터인지 모르지만 감정에는 약한 편입니다. 조금만 불쌍한 사람을 보아도 마음이 언짢아 그날은 기분이 우울한 편입니다. 내 자신이 그러한 환경들을 너무 속속들이 알고 있기 때문인 것 같습니다."

태일이는 자신이 겪은 밑바닥 삶을 원망하지 않았어. 일기에 쓴 대로 '그늘에서 그늘로 옮겨 다니면서 자라 온' 태일이는 배고픈 이웃을 만나면 자신의 차비를 털어 풀빵을 사 줬고, 아픈 이웃을 만나면 자신도 함께 몸살을 앓았어.

"우리 주위에서 일어나는 어떤 이웃의 고통도 외면하지 않는 것이 사람이 반드시 지녀야 할 도리다. 이것이 인간의 과제다."

태일이의 일기에 나오는 구절이야.

친구보다 성적이 좋아야 하고, 이웃보다 돈을 많이 벌어야 하고, 남보다 더 높은 지위를 차지하려고 경쟁만을 외치는 사회. 행복이 성적순이 된 사회. 재산이 그 사람의 인격을 자리매김하는 사회에서 전태일이는 인간이 지녀야 할 도리를 생각했어. 그것이 인간이 추구해야 할 과제라고 말했어.

그래서 아빠는 태일이의 삶이 아름답다고 한 거야.

거리를 떠돌던 태일이는 열일곱 살 때 청계천 평화시장에 있는 옷 만드는 공장의 노동자가 되었단다.

이제 태일이가 만난 평화시장 이야기를 들어 보렴.

아빠, 공장에서 일하는 사람이 노동자지?

노동자는 공장에만 있는 게 아냐. 임금을 받으며 일하는 사람은 다 노동자야.

백화점에서 화장품을 파는 사람도 노동자야. 책을 만드는 출판사에서 일하는 사람도 노동자고. 학습지를 가지고 어린이에게 지식을 가르치는 학습지 교사도 노동자야. 어린이집에서 소나무, 달팽이라고 불리는 선생님도 노동자야. 영화를 만들 때 기다란 막대에 달린 마이크를 들고 있는 사람이나 조명을 비추는 사람 봤지? 그 사람도 노동자지.

1980년대 중반까지도 노동자라는 말은 좀체 들을 수도 없었고 쓰지도 않았단다. 노동자를 '공돌이'라 불렀어. 공돌이가 뭐냐면, 공장에서 일하는 노동자를 하찮게 여기며 부르는 말이야. 여성 노동자는 '공순이'라고 부르고.

만약에 지하철을 움직이는 기관사나 버스를 운전하는 기사가 없다면 어떨까? 전기를 만드는 노동자가 없거나 텔레비전을 만드는 전자 공장 노동자가 없으면 말이야. 노동자가 없으면 세상이 제대로 돌아갈까? 노동자는 정말 하찮은 존재일까?

청계천 평화시장

청계천 6가에 가면 평화시장이 있단다. 3층짜리 건물이야. 평화시장 2, 3층은 옷 만드는 공장이었어. 여기서 만든 옷을 1층 상점에서 팔았지. 평화시장 옆에는 통일상가와 동화시장 건물도 있어. 공장이 800개 정도 있었고, 그곳에서 일하는 노동자가 2만 명이 넘었어. 지금은 공장은 사라지고 건물 전체가 상점이 되었지.

여기서 만들어진 옷들은 부산, 대구, 광주, 인천과 같은 대도시뿐만 아니라 강원도 산골, 바다 건너 제주도에까지 팔려 나갔어. 우리나라에서 만들어신 옷 열 벌 가운데 일곱 벌은 이곳에서 만들어졌지.

청계천 봉제 공장에서 만들어진 옷을 '서울 물건'이라고 불렀어. 서울 물건은 박음질이 튼튼하고 멋졌거든. 추석이나 설을 앞두고는 전국 곳곳에서 상인들이 현금을 들고 몰려왔단다. 서울 물건을 한 장이라도 더 차지하려고 빽빽이 줄을 서서 아우성이었대.

평화시장 옷 공장들은 날로 성장했어. 대개는 재봉틀 서너 대로 사업을 시작해. 그런데 1, 2년이 지나면 재봉틀이 스무 대, 서른 대로 늘어나. 공장이 커 가는 만큼 사장들이 버는 돈도 늘어났단다.

옷 공장에는 재단사, 미싱사, 미싱 보조, 재단 보조, 그리고 '시다'라고 불리는 견습공(일을 배워 익히는 과정에 있는 사람)들이 있어.

시다는 옷 만드는 기술을 배우러 온 사람들이야. 초등학교를 마친 열서너 살 나이에 취직을 하지. 가정 형편이 어려워 중학교를 가지 못한 이들이 대부분이야. 시다는 미싱사가 박음질할 때 옆에서 도와줘. 다리미질, 실밥 뜯기, 단추 달기……. 시다의 손길이 가지 않는 일이 거의 없어. 심지어는 사장이나 재단사의 잔심부름까지 하지. 일이 끝나면 공장 마무리 정리도 시다의 몫이야. 온갖 허드렛일을 도맡으니 보통 힘든 게 아냐. 몇 달 버티지 못하고 공장을 그만두는 경우가 많아.

시다 생활을 1, 2년 버티면 보조가 돼. 보조는 재단사나 미싱사가 하는 일 가운데 단순한 일을 하며 기술을 익히는 사람이야. 다시 보조 생활을 3, 4년 하면 미싱사나 재단사가 되는 거야.

미싱사는 옷을 박음질하는 사람이야. 셔츠의 깃이나 소매를 다는 일처럼 손이 많이 가고 까다로운 일을 도맡아 해. 미싱사의 속도가 그 공장의 생산량을 정하는 셈이지. 시다와 보조는 미싱사가 재봉틀을 멈추지 않도록 바지런히 움직여야 해. 보통 미싱사 한 명, 보조 한 명, 시다 두 명, 이렇게 네 명이 한 조가 되어 옷을 만들어.

재단사는 만들 옷의 모양에 따라 천을 잘라 주는 사람이야. 다른 노동자에 비하면 시간의 여유가 있어. 사장 대신 직원들에게 그날그날의 작업을 지시하고 감독하는 역할도 하지. 사장은 직원들의 월급을 정할 때 재단사에게 의견을 물어. 재단사는 공장에서 사장 다음으로 큰 힘을 지니고 있어.

아빠, 그럼 평화시장 노동자도 돈을 많이 벌었겠네?

임금은 노동자가 사업장에서 일한 대가로 사장에게 받는 돈이야. 사장은 왜 노동자에게 임금을 줄까? 노동자가 돈을 벌어 주기 때문이지. 그럼 노동자는 임금을 얼마나 받아야 할까? 자신이 일한 만큼 받아야 맞겠지.

광산에 철광석이 있지. 땅속에 묻혀 있는 철은 그냥 철일 뿐이야. 당장 쓸 수가 없으니 가치를 가질 수 없지. 광산 노동자가 굴을 파고 들어가 구슬땀을 흘려 캐내야 드디어 가치를 가지는 거야. 철광석이 제철소 노동자의 손에 의해 철판으로 만들어지면 더 큰 가치가 생겨. 이 철판을 가지고 자동차 공장 노동자가 승용차를 만들면 새로운 가치가 더해지고. 이처럼 노동자의 손을 거칠수록 값어치 높은 물건이 된단다.

노동을 통해 만들어진 상품은 시장에서 가격이 매겨져 팔린단다. 노동자가 생산한 가치가 높을수록 회사가 벌어들이는 돈이 많겠지. 이렇게 번 돈에서 노동자의 임금이 나와. 그러니 사장 때문에 노동자가 돈을 버는 게 아니라, 노동자가 사장에게 돈을 벌어 주는 거지.

하지만 노동자가 받는 임금은 보잘것없어. 자신이 흘린 땀의 대가는커녕 먹고 살아가는 데 필요한 최소한의 생계비에도 미치지 못하는 경우가 많아. 노동자가 생산한 가치를 사장이 이윤이라며 고스란히 챙겨 가기 때문이야.

열세 살 시다 순이

한 달 월급은 1,500원이었다. 하루에 하숙비가 120원인데 일당은 50원이다. 하지만 공장에 다니기로 결심했다. 모자라는 돈은 아침 일찍 여관에서 손님들의 구두를 닦고 밤에는 껌과 휴지를 팔아서 보충해야 한다. 뼈가 휘는 고된 나날이었지만 기술을 배운다는 희망과 서울의 지붕 아래서 이 불효자식의 고집 때문에 고생하실 어머니 생각과 배가 고파 울고 있을지도 모르는 막내 동생을 생각할 땐 나의 피곤함이 문제가 되지 않았다.

태일이가 나중에 쓴 글이야.

태일이가 시다 시절 하루 14시간 일하고 받은 일당이 50원이었어. 커피 한 잔이 50원에 팔릴 때야. 죽도록 일한 대가로 커피 한 잔 값을 번 거야. 정말 기가 막히게 적은 돈 아니니?

태일이는 자신이 정당한 대가를 받는지 생각할 겨를이 없었어. 어머니를 편안히 모시고, 동생들이 배곯지 않고 학교에 다닐 수 있도록 몸이 부서져라 일만 했지.

아버지 밑에서 재봉틀을 배웠던 태일이는 남들보다 빨리 시다와 미싱 보조 생활을 마칠 수 있었어. 겨우 열여덟 살에 미싱사가 돼. 태일

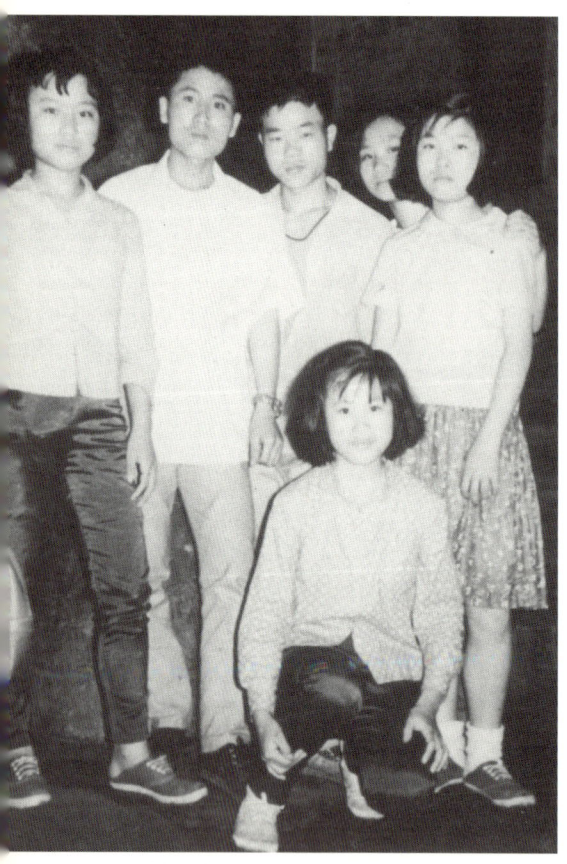
시다로 갓 취직했을 때 동료 시다, 미싱 보조들과 함께 찍었다. 뒷줄 왼쪽에서 세 번째가 전태일

이는 평화시장 뒷골목에 있는 '통일사'라는 공장에서 어린이가 편안히 입을 수 있는 바지를 만들었어. 그리고 이곳에서 순이라는 시다를 만나.

순이는 초등학교를 마치고 평화시장에 취직했어. 답십리 빈민촌의 판잣집 단칸방에 세 들어 살아.

"5분만 더 누웠다 일어날게. 제발 좀 내버려 둬."

이른 아침에 언니가 순이를 흔들어 깨우는 거야. 순이는 정말 한숨이라도 더 자고 싶어. 깨우는 언니가 얄미워.

하지만 언니는 동생을 억지로 깨울 수밖에 없어. 동생은 아침 8시까지 평화시장에 가야 하거든. 순이는 세수도 대충, 아침밥도 대충 먹고 집을 나서지.

평화시장 3층에 순이가 다니는 공장이 있어. 작업장은 약 8평. 재단판과 열다섯 대의 재봉틀이 비좁은 방 안을 가득 메우고 있지. 이곳에서 일하는 사람은 순이를 포함해 32명이야.

공장 바닥에서 천장까지 높이는 1.5미터, 천장이 낮으니 고개를 들고 걸어 다닐 수가 없어. 늘 구부정한 자세로 움직이며 일을 해. 원래 천장까지 높이는 3미터야. 이걸 위아래로 쪼개 다락방을 만들었단다. 좁은 공간에 기계를 한 대라도 더 들여놓고 옷을 만들어야 더 많은 돈을 벌 수 있잖아. 사업주(사업의 임자나 돈을 댄 사람)는 돈에 눈이 멀어 노동자의 불편은 신경도 쓰지 않았어.

"야, 3번! 빨리 원단 가져와!"

이곳에서 일하는 시다나 보조는 이름이 없어. 자신이 맡은 재봉틀에 달린 숫자가 공장에서 부르는 이름이야. 공장이 얼마나 바쁘게 돌아가는지 서로 인사할 시간도 없어. 시다끼리도 서로 이름을 몰라서 번호를 불러.

작업장 안에는 창문은커녕 환풍기도 없어. 햇빛이 전혀 들지 않는 동굴이야. 옷감을 자르고 재봉할 때마다 먼지가 엄청 일지만 빠져 나갈 구멍이 없어. 코를 풀면 시커먼 콧물이 나와. 까만 머리카락에는 희뿌연 먼지가 앉아 새치가 난 듯 희끗희끗해. 점심시간 때 도시락 뚜껑을 열면 금세 꺼뭇한 보리밥 위로 허연 먼지가 내려앉아. 쌀밥이 되었다고 농담을 하며 먼지로 뒤덮인 밥을 먹지.

'먼지밥'을 먹는 것도 행복이야. 도시락을 싸 오지 못한 사람들이 더 많아. 이들은 1원짜리 풀빵을 사 먹으러 가지.

순이가 일해서 받는 돈은 한달에 1,500원. 출퇴근하느라 교통비를

쓰고 나면 점심 사 먹을 여유가 안 돼. 순이처럼 돈이 없는 사람은 화장실로 달려가. 수도꼭지를 틀고 맹물로 빈 배 속을 채우지.

화장실은 정말 가기 싫은 곳 가운데 하나야. 평화시장 3층에서 일하는 사람이 2천 명이야. 그런데 볼일을 보는 곳은 고작 세 칸. 그것도 남녀 공용이야. 하루 종일 기다란 줄이 늘어서 있지.

일거리가 많으면 연달아 이틀 밤, 사흘 밤을 꼬박 새우며 밤샘 일을 해. 공장 주인은 졸지 말고 일하라며 '타이밍'이라는 잠 안 오는 약을 먹여. 약을 먹으면 머릿속이 백지가 되어 멍하니 아무 생각도 안 나. 다음 날 아침에는 팔다리가 제대로 펴지지가 않아. 살을 꼬집어도 감각이 없어. 눈만 멀뚱멀뚱하게 뜬 산송장이 되는 거야.

순이가 쉬는 날은 한 달에 이틀뿐이야. 쉬는 날은 냅다 잠만 자. 잠자리에서 일어나도 밖에 나갈 생각을 못해. 길거리에서 교복을 입고 수다를 떠는 또래를 만나면 왠지 자존심이 뭉개지거든. 혹 볼일이 있어 훤한 대낮에 돌아다니면 사람들이 수군거려. "쟤, 공장 다니나 봐." 사람들은 단박에 순이가 학생이 아니라는 걸 눈치채. 뽀얗게 화색이 도는 소녀의 얼굴이 아니라, 누렇게 뜬 창백한 순이의 얼굴에는 평화시장 시다라고 쓰여 있어.

순이는 고된 하루 일을 마치고 집으로 돌아왔어. 벌써 자정이야. 졸음이 밀려와 밥이 코로 들어가는지 입으로 들어가는지 몰라. 그저 허기만 달래고 곧바로 쓰러져 잠을 자는 거야.

순이의 꿈은 빨리 미싱사가 되어 두툼한 월급봉투를 집으로 가져

가는 거야. 그 말을 공장 언니한테 했더니 뭐라 한 줄 아니?

"평화시장 여공 생활 8년 만에 남는 것은 병과 노처녀 신세뿐이야. 너만 한 나이 때 무슨 수를 써서라도 일찌감치 평화시장을 빠져나가는 것이 현명한 일이야."

순이는 주변을 둘러봤어. 공장 언니 말이 맞아. 누렇게 뜬 핏기 없는 얼굴, 퀭한 눈동자. 기관지염, 안질, 빈혈, 신경통, 위장병…….

시다의 꿈은 하루하루 지날수록 절망이 되어 가.

재단사가 되다

추석을 앞둔 때라 일감이 많았어. 태일이는 아침 8시부터 밤 11시까지 일했어. 사흘 연달아 밤샘 작업도 했어.

태일이는 자신이 고달픈 것은 이를 악물고 견딜 수 있어. 하지만 순이 같은 어린 여공들이 잠 오지 않는 약을 먹으며 힘든 일을 하는 걸 볼 때 가슴이 너무 아픈 거야.

태일이는 어린 여공들을 도와주는 길이 없을까 고민했어.

"재단사가 되자. 재단사가 되면 내가 시다들을 보호해 줄 수 있을 거야."

노동자들은 사업주보다는 재단사하고 마주하는 일이 많아. 재단사는 공장 주인을 대신해 작업을 시키고 감독하는 일을 하잖아. 노동자가 몸이 아파 쉬고 싶을 때는 재단사의 허락을 받아야 돼. 어떤 재단사를 만나느냐에 따라 고된 정도가 달라져. 재단사의 한마디는 공장 안에서 법이야. 물론 재단사도 사장에게 임금을 받는 처지지만.

태일이는 재단사가 되려고 마음을 먹었지만 마음에 걸리는 사람이 있어. 어머니야. 어떻게 어머니한테 말해야 할지, 답답했어.

재단사가 되려면 다시 보조부터 시작해야 해. 그럼 월급이 지금의 절반도 안 되는 3,000원으로 줄어들지. 태일이가 미싱사로 받았던 월급이 7,000원이었어.

"재단사가 될래요. 재단사가 되어 어린 시다들에게 일을 조금만 시키겠어요. 아프면 병원에도 데려가고 약도 사 주고 할래요. 사장님께 시다들의 어려움도 들어 달라고 건의하고요."

태일이는 저녁 설거지를 마치고 방으로 들어오는 어머니께 용기를 내어 말했어.

"어머니, 재단사가 될 때까지는 제가 집에 가져올 돈이 없을 거예요."

어머니는 묵묵히 듣고만 있었어. 태일이가 받아 온 월급은 집안 살림을 꾸려 가는 데 큰 힘이 되었거든. 어머니는 다시 보조 생활을 하겠다는 아들의 말이 섭섭했어. 하지만 태일이의 뜻을 주저앉힐 수 없었어. 이제껏 태일이에게 해 준 게 없어 늘 미안한 마음이었거든.

"니 생각이 그러니 어떡하니. 알아서 하렴."

"죄송해요, 어머니. 그리고 고마워요."

그날 밤, 태일이는 일기를 썼어.

한 달에 고작해야 3천 원 남짓 벌게 되면 살림이 어려워질 텐데. 어머니한테는 미안한 마음으로 우울했다.

1년 남짓 열심히 기술을 배운 태일이는 마침내 재단사가 되었어. 재단사가 된 뒤로 태일이가 집에 들어오는 시간은 더욱 늦어졌어.

"남들은 재단사가 되면 퇴근을 빨리 하던데, 넌 보조 할 때보다 더 늦냐?"

어머니가 묻자 태일이는 머리를 긁적이며 공장이 바빠서 그런다며 얼버무렸어.

태일이가 늦는 까닭은 딴 곳에 있어. 공장에 아픈 사람이 있으면 일찍 집에 보내. 그리고 태일이가 밤늦도록 공장에 남아 그 사람 몫을 마무리했지.

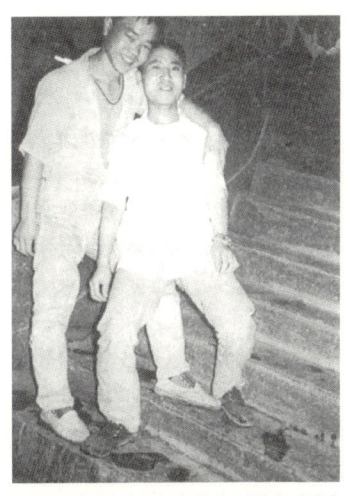

평화시장에서 동료와 함께. 왼쪽이 태일이

아예 새벽에 들어오는 날도 있어. 그 시절에는 밤 12시부터 새벽 4시까지는 사람들이 집 밖을 돌아다니지 못하도록 하는 '통행 금지' 제도가 있었어. 이 시간에 길을 돌아다니면 경찰서에 잡혀가. 유치장에 갇혀 있다가 새벽 4시가 되어야 풀려날 수 있었지.

하루는 어머니가 잠을 자지 않고 태일이를 기다리고 있었어. 아들이 늦게 들어오는 날이 잦아지니 걱정이 되어 잠이 오지 않아. 어머니는 밤을 꼬박 새웠어.

새벽이 되니 대문이 열리는 소리가 들려. 태일이가 살금살금 발자국 소리를 죽이며 들어오자 어머니가 방문을 확 열어젖혔지.

"아이코, 깜짝이야!"

어머니를 본 태일이가 놀랐어.

"태일아! 너 요즘 왜 이렇게 늦게 집에 오냐? 무슨 일이 있는 거야?"

"아니요. 저희 공장 시다들이 종일 굶으며 일해요. 밤에 공장을 나서면 힘이 없어서 제대로 걷지도 못해요. 그냥 볼 수가 없어서 버스 탈 돈으로 풀빵을 사서 나눠 주고 왔어요. 열심히 뛰어왔는데도 집에까지 두 시간이 걸리네요. 거의 다 왔는데 그만 통행 금지 시간에 걸려 파출소에서 자고 왔어요."

어머니는 하도 어이가 없어서 입이 다물어지지가 않았어.

"참, 사람 좋아하는 것도 큰 병이다. 그래, 너는 밥이라도 먹은 거야?"

어머니는 서둘러 부엌으로 들어가 국수를 삶았어.

태일이는 옷을 만들다 남은 자투리 천을 모았어. 일하는 짬짬이 손바닥만 한 천을 재봉해서 여자들이 입는 속바지를 만들었어.

"어머니, 이거 한번 입어 보세요."

"요 알록달록한 게 뭐냐. 세상에 있는 옷감은 다 모여 있네."

어머니는 퍼즐처럼 맞춰진 속바지를 요리조리 살펴보며 웃었어.

"새 옷을 사 드려야 하는데 죄송해요. 남는 천으로 만들다 보니 색깔이 갖가지네요."

"야, 색깔이 다르면 어떻노. 속에다 입는 옷인데."

"내일이 어머니 생신이잖아요. 돈이 없어서……."

태일이는 머리를 긁적였어.

"내년에는 멋진 옷을 사 드릴게요."

"우리 형편에 생일이 뭐냐. 피곤할 건데 이걸 뭐하러 만들어. 시간 남으면 눈이라도 붙이지……. 만날 잠이 부족해 토끼 눈을 해가지고 다니면서."

어머니는 아들을 껴안듯 속바지를 가슴에 꼭 품었어.

태일이는 어머니와 이야기 나누는 걸 좋아해. 집에 들어오면 어머니가 오늘 무얼 했는지 꼬치꼬치 묻는 거야. 어머니가 말하면 '그랬군요' '힘드셨겠네요' 맞장구를 치며 재밌게 들었어.

태일이도 하루 동안 공장에서 있었던 일을 어머니한테 들려주지. 어린 여공들이 졸린 눈을 부비며 일하다 다리미에 화상을 입은 일, 미싱사가 폐병에 걸려 피를 토하며 쓰러진 일, 지옥처럼 느껴지는 공장 일을 손짓 몸짓을 곁들여 자세히 말했어.

"열네 살 애들이 새벽밥을 먹고 나와 한밤중까지 일해요. 그 고사리 같은 손으로 먼지 구덩이 속에서 굶으면서 말이에요. 그 모습을 보고 있으면 사람이 이렇게 살아야 하나 하는 생각이 들어요. 기특하기도 하고 불쌍하기도 하고……. 세상이 참 무서워요. 이건 사람이 아니라 기계예요. 아니 기계보다 못해요. 미싱은 잘 돌아가라고 기름이라도 쳐 주잖아요. 그런데 여공들은 밥을 굶고 일하니, 지옥이 따로 없어요."

1968년 중부시장에서 일하던 시절의 전태일

　태일이가 스무 살이 되었어.
　공장 주인은 어린 여공들에게 잘 대해 주는 재단사가 맘에 들지 않아. 재단사라면 여공들에게 독하게 일을 시켜야 하거든. 태일이는 반대야. 일을 시키기는커녕 집에 일찍 보내니 말이야.
　"아니 밤샘 작업이라도 시켜야지! 일찍 퇴근을 시키면 어떡해."
　"저 어린애들이 너무 힘들어하니 어떡해요. 남은 일은 저 혼자서라도 마치고 갈게요."

"뭐라고? 저런 걸 내가 재단사로 데리고 있으니……. 어유, 답답해. 바보 같은 인간!"

맞아. 태일이는 바보가 되었어. 자신이 편하게 살 수 있는데도 남을 위해 스스로 고된 삶을 사는 바보.

하루는 미싱사가 시뻘건 핏덩이를 재봉틀 위에 왈칵 토해 냈어. 태일이가 급히 돈을 구해 병원에 데려갔어. 의사 말이, 폐병 3기래. 이 사실을 안 사장은 이 여공을 곧바로 해고했어.

"사장님! 폐병에 걸려 이대로 쫓겨나면 이제껏 공장에서 번 돈보다 더 많은 병원비가 들어요. 어떻게든 치료라도 해서 보내야 되지 않겠어요?"

태일이가 사장에게 말했지.

"뭐라고? 재단사 주제에 감히 내게 대들어. 그렇게 잘났으면 니가 사업해. 난 자선 사업가가 아니야."

사장은 핏대를 세우며 성을 냈어.

"너도 당장 그만둬! 주인 말 안 듣고 제멋대로 하는 재단사하고는 나도 같이 일할 마음 없어. 내일부터는 나오지 마!"

결국 태일이는 공장에서 쫓겨났지.

아빠, 노동자를 지켜 주는 법은 없어?

근로기준법이 있어. 사장이 노동자에게 일을 시킬 때 반드시 지켜야 할 내용을 법으로 정한 거야. 꼭 알아야 할 것만 풀어서 읽어 줄게, 들어 봐.

사장은 노동자에게 하루에 8시간을 넘겨 일을 시킬 수 없다. (근로기준법 제50조 2항)

15세 이상 18세 미만인 청소년은 하루에 7시간을 넘겨 일을 시킬 수 없다. (근로기준법 제69조)

사장은 노동자에게 일주일에 평균 하루 이상의 휴일을 주어야 하고, 그 휴일에도 임금을 줘야 한다. (근로기준법 제55조)

이 밖에도 한 달을 일하면 하루의 휴일을 주도록 하고, 이때도 마찬가지로 임금을 주라고 했어. 사업주가 노동자를 함부로 해고하지 못하게 한 조항도 있어. 특히 노동자가 병을 얻었을 때는 일정 기간 동안은 어떤 이유가 있어도 해고할 수 없지. 사장은 정기적으로 노동자가 건강 진단을 받도록 해야 하고, 일하다 병을 얻으면 치료와 보상을 해야 한다는 규정도 있어.

근로기준법을 만나다

　태일이 아버지는 결혼 전에 대구에서 방직 공장(실을 뽑아서 천을 짜는 공장)에 다녔단다. 그곳에서 옷 만드는 기술을 배웠어.
　1946년 대구에서는 노동자들이 파업을 했어. 일제 강점에서 해방이 되었지만 노동자들은 여전히 먹고살기가 힘들었어. "우리에게 쌀을 달라!" 노동자는 기계를 멈추고 거리로 뛰쳐나왔어. 전상수도 동료들과 함께 시위를 했어. 날이 갈수록 시위에 참여하는 노동자 수가 많아졌지.
　1946년은 대한민국 정부가 들어서기 전이야. 미군이 들어와 한반도 남녘땅을 통치할 때였단다. 노동자의 시위가 거세지자 미군 사령관 이름으로 계엄령(사회가 위태롭다고 여겨질 때 행정권과 사법권을 군인이 맡아 다스리겠다고 선포하는 명령)이 선포되었지. 시위에 나선 노동자와 시민들을 잡아들였어. 파업에 앞장선 지도자들은 감옥에 갇혔고. 시위를 해산하려고 경찰이 쏜 총에 맞아 목숨을 잃은 사람도 있어.
　전상수가 공장에서 무척이나 따르던 형님도 그때 목숨을 잃었어. 슬픔에 빠진 전상수는 그날로 공장을 그만두고 집에서 옷 만드는 일을 시작했던 거야.
　"내가 공장 다닐 때 노동법이 있다는 소리를 들었다. 하지만 법이 있어도 소용이 없어. 노동자 권리를 지키려고 앞장서서 싸웠던 사람들은 공장에서 쫓겨나거나 감옥에 갔어. 심지어 총알에 맞아 죽었어. 너도 괜히 설치지 마. 니 신세만 조지니."

아버지는 태일이가 공장에서 해고되자 방직 공장 시절 생각이 났어. 아들이 노동 운동을 하려고 나설까 봐 두려웠지.

"노동법이오? 그 법이 노동자의 권리를 지켜 주는 거예요? 정말 그런 법이 있어요?"

"넌 아버지 말 못 알아듣니? 법이란 없는 사람에겐 소용이 없다는 말이야. 괜히 노동자를 위한답시고 설치고 다니지 마. 앞장선 사람만 손해 봐. 없는 사람은 무조건 열심히 일해서 돈을 벌어야 해. 돈이 법 위에 있는 세상이야."

태일이는 노동자 권리를 위해 앞장서 싸운 사람들이 공장에서 쫓겨나고 감옥에 갔다는 말은 귀에 들어오지 않았어. 단지 노동자를 위한 법이 있다는 소리에 뛸 듯이 기뻤어.

'어서 빨리 노동법을 구해야겠다.'

태일이는 헌책방으로 달려갔어.

"노동자를 위한 법 좀 찾아 주세요."

서점 주인이 두툼한 법전이 있는 곳으로 갔어. 한참을 헤매더니 먼지가 가득 앉은 책을 들고 왔어.

"이게 맞는지 모르겠다."

"요기에 뭐라 적혀 있어요?"

책 제목이 한자로 적혀 있어서 태일이는 읽을 수가 없었단다.
"근. 로. 기. 준. 법."
서점 주인은 한 글자씩 손가락을 짚어 가며 읽어 주었어.
"근로기준법이라고요? 맞네요. 아니 맞을 것 같네요."
한자투성이의 근로기준법을 품에 안는 순간, 태일이의 가슴은 요

동쳤어. 암흑천지 속 동굴을 헤매다 바늘구멍만 한 통로로 비친 빛을 찾은 것처럼.

태일이는 근로기준법을 한시도 손에서 놓지 않았어.

"대학생 친구 하나 있었으면 좋겠어요."

시무룩한 얼굴로 태일이가 어머니께 말했어.

"뜬금없이 웬 대학생 타령이니?"

"책이 온통 한자투성이라 무슨 말인지 모르겠어요. 한자를 하나씩 찾아 읽으려면 보통 어려운 게 아니에요."

어머니는 국숫집 아저씨가 생각났어.

"골목 앞 국숫집 아저씨가 대학을 나왔다던데, 한번 찾아가 봐라."

"정말요?"

한걸음에 국숫집으로 달려간 태일이는 잠시 뒤 얼굴에 웃음을 머금고 돌아왔어.

"어머니! 아저씨가 아무 때나 와도 괜찮대요. 얼마든지 가르쳐 준댔어요."

태일이는 책장이 너덜해질 때까지 책을 봤지. 근로기준법을 달달 외울 정도가 되었어.

"어머니도 근로기준법을 배우세요."

"뭐? 나보고 법을 배우라고? 법이 밥 먹여 준다냐. 내가 뭐할라 배우냐?"

어머니는 태일이가 농담을 하는 줄 알고 웃었어.

"뭐든지 배우면 다 쓸데가 있다고 어머니가 말했잖아요."

태일이는 어머니 옆에 바짝 다가앉아 졸랐어.

태일이가 어찌나 간절히 애원하는지, 어머니는 법 공부를 시작할 수밖에 없었지. 태일이가 법 조항을 하루에 한두 가지씩 읽어 줬어.

"근로기준법은 근로자의 생활을 보장하고 향상시키려는 목적으로 만들었다."

태일이가 읽으면 어머니가 그대로 따라 읽었어.

"미성년자를 일곱 시간 이상 일을 시킨 사장은 2년 이하의 징역에 처한다."

태일이가 다시 법 조항을 읽어 주자 어머니가 눈을 휘둥그레 떴어.

"야, 방금 뭐라 했냐? 그럼 시다들 그리 고생시킨 사장은 벌 받는 거 아니냐?"

"맞아요. 법에 그리 나와 있어요. 사장이 법을 어기는지 지키라고 근로 감독관을 사업장에 보내도록 되어 있어요."

"그럼 너도 근로 감독관에게 말하지 그랬냐?"

어머니 말에 태일이는 허허 웃었어.

"이런 사람이 있는 줄도 몰랐어요. 108조에는 근로 감독관이 사장이 법을 어긴 것을 알고서도 모른 척하면 3년 동안 징역에 처한다고 나와 있어요."

"참 모를 일이다. 요지경 세상이네."

어머니는 고개를 갸웃하며 말했어.

"니네 아버지 말이 맞긴 맞나 보다. 없는 사람한테는 법이 필요 없다더니."

"어머니, 그래도 누군가는 법을 지키라고 말해야죠. 배우지 못한 노동자들이 어디 이런 법이 있는 줄이나 알겠어요? 이제 저라도 나서야죠."

태일이 목소리에 힘이 들어갔어.

"아무튼 어머니, 제가 말한 걸 외우세요. 내일 저녁에 물어볼 거예요."

태일이는 전날 가르쳐 준 법 조항을 밤마다 어머니께 물었어. 시험을 보듯 말이야.

"부당 해고가 뭐예요?"

"노동자가 아무런 잘못이 없는데 공장에 못 나오게 해고하는 거 아니냐."

"우리 어머니 너무 잘 외운다. 그럼 하루에 몇 시간 일해야 돼요?"

"그건 너무 쉽다! 하루에 여덟 시간이지."

"와! 우리 어머니는 한 번만 가르쳐 줘도 이리 잘 아신다니까."

태일이는 손뼉을 치며 어머니를 한껏 추켜세웠어.

"아이고, 그런 말 마라. 틀리면 니가 야단칠까 봐 옷 보따리 이고 다니면서도 온종일 중얼중얼 외우고 다닌다."

공부보다는 아들 태일이가 즐거워하는 모습이 보기 좋아 어머니는 열심히 외웠던 거야.

날씨가 무척 더운 여름날이었어. 태일이가 사는 쌍문동 무허가촌(땅의 사용을 허가받지 않고 사람들이 모여 사는 동네)은 주변에 풀밭과 도랑이 있어 모기가 무척 많았단다. 이런 날 근로기준법을 배우려니 어머니는 짜증이 났어. 요즘 태일이가 하는 짓을 생각하면 더욱 울화가 치밀어 오르고. 어린 여공을 위한답시고 설치다가 해고를 당한 태일이가 어리석어 보여.

"어머니, 일주일에 잔업은 몇 시간 이상 못 하게 하는지 아시죠?"

"……"

어머니는 픽 돌아눕는 거야.

"힘드세요?"

태일이가 눈치를 살피며 물었어.

"이젠 안 헐란다."

어머니는 귀찮다는 듯 눈을 감으며 느릿하게 말했어.

"이제껏 잘하시더니 우리 어머니가 갑자기 왜 이러실까?"

"내가 골백번 생각해 봐도 아무짝에 쓸데없다. 밥이 나오지도 않는데 밤마다 내가 왜 배우냐!"

"혹시 쓸데가 있을지 모르잖아요."

"그럼 너한테 물어보지."

"제가 없을 수도 있잖아요."

"뭐, 니가 없을 수도 있다고?"

어머니는 자리에서 벌떡 일어났어.

"니가 어디라도 가냐? 왜 그딴 소릴 하냐?"

"아, 아뇨. 그냥 한 소리예요. 그만 주무세요."

어머니는 두려움이 밀려왔어. 태일이가 큰일을 저지를 것 같았지.

바보들의 모임

태일이는 재단사들을 찾아다녔어. 근로기준법을 펼치고 한 조항씩 손가락을 짚어 가며 설명했어. 법에 맞지 않는 평화시장의 현실을 바꾸자며 목소리를 높였지

"우리 한 사람 한 사람을 떼어 놓고 보면 보잘것없는 존재야. 하지만 우리가 마음을 모으면 큰 힘을 낼 수 있어."

태일이는 함께 재단사 모임을 꾸리자고 권했어.

재단사들은 태일이 주장이 옳다고 생각했어. 하지만 자신이 없었어. 사장은 재단사에게 절대적인 존재야. 사장의 한마디는 법이야. 사장의 말을 거역하는 일은 꿈조차 꿀 수 없어. 사장에게 대든다는 것은 풍차로 달려드는 돈키호테처럼 어리석은 일이라 생각했어.

"우리가 할 수 있을까? 공돌이 주제에 사업주에게 대든다는 게 가능한 일이야?"

재단사들이 고개를 흔들었어. 그때 영문이라는 동화시장에서 일하는 재단사가 나섰어.

"언제 해 본 적이나 있냐? 한번 부딪쳐나 봐야지. 대들다가 쫓겨나면 다른 공장에 가면 돼. 재단사 인생 별 볼일 있냐? 어차피 일 떨어지면 쫓겨나는 신세잖아. 일 없는데 돈 주는 사장 봤어? 일거리 밀릴 때

평화시장 2층 한미사 공장 앞에서 동료들과 함께 찍었다. 맨 왼쪽이 전태일

에나 기술자 대우 받지, 언제 한번 사장한테 사람 대접 받아 본 적 있냐 말이야. 태일이 믿고 한번 해 보자!"

　재단사들이 술렁댔어. 듣고 보니 영문이 말이 맞아. 이제껏 사람 대접 받은 적이 없어. 사장에게 몸이 부서져라 돈을 벌어 주었지만 일감이 줄어들면 오뉴월 개 신세가 되곤 했어.

"그래 한번 해 보자!"

재단사들은 밑질 것 없으니 어디 도전이나 해 보자는 마음으로 뭉쳤어.

통일상가 2층의 명보다방에 재단사 열 명이 모였어.

"기왕에 모였으니 모임 이름도 정하자."

영문이가 제안했어.

"바보회가 어때?"

태일이가 바보회라고 하자 모두 깔깔깔 웃는 거야. 하필 많고 많은 이름 가운데 바보가 뭐냐며 따지는 친구도 있었지.

"노동자도 당당하게 사람 대접을 받으며 살 권리가 있어. 우린 이제껏 기계 취급을 받으며 살아왔어. 공장 주인들에게 부당한 학대를 받으면서도 바보처럼 찍소리도 못하고 말이야. 그러니 우리 재단사 모임은 바보들의 모임이야. 바보처럼 살았다는 걸 알아야 바보 신세를 벗어날 수 있어."

태일이 말에 모두들 박수를 쳤어. '바보'. 평화시장 노동자의 처지에 꼭 맞는 말이었어.

"좋다, 우리는 바보다!"

"그래, 바보다. 바보끼리 힘 모아 바보 신세 면해 보자."

"회장도 뽑아야지?"

"뽑고 말고 할 게 뭐 있냐? 태일이가 우리 대장 아니냐!"

태일이는 만장일치로 회장이 되었어.

어떤 사람이 바보일까? 어떤 사람이 똑똑한 사람일까?

노동자가 사람답게 사는 세상을 만들겠다고 나선 태일이는 정말 바보일까?

어린 여공들에게 열다섯 시간씩 일을 시켜 돈을 버는 공장 주인들은 똑똑한 사람일까?

태일이가 말한 바보는 제 잇속만을 챙기는 '똑똑한 사람'으로 사는 걸 거부하는 사람이야. 사람을 기계처럼 부리며 돈을 최고로 여기는 세상에 맞서는 사람. 힘이 없다고 불의에 무릎 꿇는 사람이 아니라 정의로운 세상을 만드는 데 앞장서는 사람을 태일이는 바보라고 한 거야.

태일이는 재단사야. 시다나 미싱사에 비해 편하게 일하며 돈을 벌 수 있는 재단사. 하지만 태일이는 그 삶을 거부했어. 스스로 가시밭길을 찾아 나섰어. 자신보다 못한 처지에서 일하는 어린 여공의 편에 섰어. 자신을 바보라 여기며, 바보가 되어 가는 노동자의 삶을 바꾸려고 했어.

태일이는 바보회에서 무엇을 하고 싶었을까?

- 첫째, 평화시장 일대의 2만 노동자의 근로 조건이 근로기준법대로 지켜지도록 싸우는 일.
- 둘째, 돈도 없고 빽도 없는 빈털터리 인생인 노동자들이 똘똘 뭉칠 수 있는 모임을 꾸리는 일.

셋째, 평화시장 노동자들의 근로 조건을 조사하는 일.

넷째, 스스로 모범 공장을 만들어, 근로기준법을 지키며 공장을 운영해도 잘될 수 있다는 걸 보여 주는 일.

태일이는 대한 좋지 않은 소문이 평화시장에 쫙 퍼졌어. 노동자를 선동하여 공장을 망치려는 불순한 사람이다, 태일이는 깡패니 절대 만나서는 안 된다……. 사업주들은 자신의 공장 노동자들을 단속했어. 평화시장에 태일이가 나타나면 '위험한 사람'이라고 쑥덕거려. 태일이가 일을 하겠다고 공장 문을 두드리면 사업주들이 손사래를 치며 거부했어. 태일이는 근로 조건 개선은커녕 자기 몸 하나 건사하기도 어려워졌어.

"어머니, 난 이제 큰일 났어요. 소문이 퍼져서 평화시장에서는 일을 할 수가 없어요."

태일이는 풀이 죽어 어머니한테 하소연했어.

"그것 봐라. 근로기준법 책을 갖고 다닐 때부터 걱정이더니, 결국……. 누굴 탓하겠니. 이제 우리 가족들을 생각해서 제발 그만둘 수 없겠니?"

태일이는 고개를 들 수가 없었어. 방바닥만 손가락으로 헤집으며 아무 말도 할 수 없었단다.

태일이가 바보회를 만들기 바로 전에 아버지가 돌아가셨어. 뇌출혈로 갑자기 쓰러졌지. 태일이가 어린 세 동생을 책임지는 가장 노릇을 해야 했어.

　그런데 태일이는 평화시장에서 취직조차 못할 지경에 이르렀으니 보통 일이 아냐.

　어머니는 헌 옷 장사를 하고 다녔어. 남이 버리는 헌 옷을 주워 와서 도봉산 계곡물에 깨끗이 빨지. 옷이 햇볕에 마르면 숯을 피워 다림질을 했어. 이걸 머리에 이고 거리거리를 다니며 팔았지. 헌 옷 장사로 번 돈은 고생에 비하면 보잘것없어. 어머니 홀로 벌어서는 다섯 식구가 먹고살 수가 없어. 어머니는 태일이가 착실히 재단사 생활만 하기를 바랐어.

　평화시장에서 일자리를 못 구한다고 태일이가 놀고만 있었던 건 아니야. 남대문이나 구로동으로 가서 일을 계속했어. 그곳은 평화시장과 달리 일자리를 구하는 데 어려움은 없었어. 재단 일, 미싱 일, 심지어 시다가 하는 일도 마다하지 않았지. 하지만 정식 직원이 되진 않았어. 며칠씩 날일만 했어. 태일이는 평화시장을 떠날 수 없었던 거야.

　시간만 나면 평화시장으로 달려왔어. 공장을 돌며 어떤 환경에서 노동자들이 일하는지 설문 조사했어. 설문지에는 아래와 같은 내용으로 열세 가지 항목이 적혀 있었단다.

　　1. 한 달에 며칠을 쉽니까? (　) 일
　　2. 한 달에 며칠을 쉬기를 희망합니까?

　　　　A. 휴일마다　　B. 일요일마다　　C. 두 번　　D. 한 번
　　3. 왜 휴일마다 쉬지를 못합니까?
　　　　A. 수당을 더 벌기 위하여
　　　　B. 기업주가 강요하기 때문에
　　　　C. 공장 규칙이니까

　　설문지를 만들어 사람을 만나려면 돈이 필요해. 하루 이틀씩 날일을 해서 번 돈이 여기에 고스란히 들어갔어.
　　작업장 조사는 제대로 되지 않았어. 태일이가 평화시장에 설문지를 들고 나타나면 난리가 나. 노동자들이 설문지를 쓰려고 하면 사업

주들이 나서서 방해를 하고 빼앗는 거야. 아예 설문지를 들고 작업장에 들어오지 못하게 막아섰어.

설문지를 300장 만들었는데, 겨우 100장 정도를 돌렸어. 그나마 조사 내용이 적혀 돌아온 것은 20장 남짓이야.

"아직 노동자 힘이 약하니 참고 견디는 방법밖에 없어. 미안하네, 태일이."

바보회 친구들도 하나둘 모임에서 떠났어. 바보회 활동을 하다가는 태일이처럼 직장을 잃게 생겼잖아.

태일이는 좌절했어. 직장이 없으니 마음도 우울해. 누구도 자신의

일에 관심을 가져 주지 않아. 거기다 바보회 친구들도 하나둘 떠났어. 태일이는 미칠 지경이야.

　태일이는 한동안 건물을 짓는 공사판에 나갔어. 손에 익지 않은 일이라 몸이 몇 곱으로 힘들어. 공사장에서는 힘으로 하는 일이 많아. 모래나 벽돌을 지어 날라야 하거든.
　태일이와 함께 자갈을 져 나르는 사람 가운데 마흔쯤 되는 아저씨가 있어. 오전에는 그럭저럭 일을 하는데 점심때가 지나면 맥을 못 쓰는 거야.
　"아저씨, 어디 아프세요?"
　태일이가 물었어.
　"아냐. 요즘 임금을 미루고 안 주잖아. 며칠째 제대로 먹지를 못했어."
　자갈 짐을 진 아저씨는 금방 쓰러질 것 같아. 태일이는 그 모습이 너무 아슬아슬해 보여. 일을 하면서도 늘 아저씨 쪽으로 눈길이 가. 아저씨가 사다리에서 떨어질까 걱정이 되어서.
　공사판에서 일하는 사람은 하루 벌어 하루를 먹고살아. 임금을 받아도 남겨서 저축할 돈이 안 돼. 끼니를 거르지 않고 하루를 버티면 다행으로 여겨. 그래서 공사장 노동자를 하루살이 인생이라고 하지.
　"어머니, 돈이 제때 나오지 않으니 아저씨 한 분이 밥을 굶고 일해요. 짐을 지고 사다리를 오르다 떨어질 것 같아요. 제가 내일은 공사장 책임자를 만나야겠어요. 그 아저씨 임금이라도 주라고 따질 거예요."
이 말을 들은 어머니는 걱정이 되는 거야. 공사장에서도 태일이가 쫓겨날까 봐 두려웠어.

다음 날 공사장에서 돌아온 태일이는 맥이 쭉 빠져 있어.
"왜 기운이 없니? 공사장에서 무슨 일 있었니?"
어머니가 물었어.
"있었죠."
"쫓겨난 거야?"
어머니는 덜컥 겁이 났어.
"아뇨. 땀을 많이 흘려 조금 피곤해서 그래요."
태일이가 말했어.
"낮에 책임자를 찾아갔어요."
태일이는 공사장 책임자를 만난 이야기를 어머니께 들려줬어. 태일이는 아저씨의 밀린 노임 가운데 한 5,000원이라도 먼저 달라고 현장 책임자한테 말한 거야.
"니가 누군데 나서는 거야!"
"같이 일하는 사람인데 딱해서 못 보겠어요."
태일이는 아저씨의 딱한 사정을 말했어.
태일이 말을 들은 책임자가 주머니를 뒤적이더니 3,700원을 꺼내더니, 아저씨한테 말했어.

1969년 12월 평화시장에서
재단 보조와 함께.
오른쪽이 전태일

"노임은 아직 줄 형편이 못 돼요. 며칠 더 기다려야 해요. 딱한 처지라니 우선 내 호주머니에 있는 돈이라도 받아 두시오."

책임자는 돈을 건네고 총총히 사라졌어.

"그런데 어머니, 돈이 좋기는 참 좋은가 봐. 사람을 죽였다 살렸다 해. 글쎄 조금 전까지만 해도 당장 쓰러질 것 같던 아저씨가 돈 3,700원을 받더니 팔팔 날아. 갑자기 어디서 기운이 솟는지 그 무거운 자갈짐을 지고 사다리를 뛰어 올라가더라."

그날 밤, 태일이는 편지지를 꺼냈어.

원섭아.

내가 너에게 편지를 쓴다.

너는 내가 아는 친구, 나는 네가 아는 태일이.

왜 펜을 잡게 되는지 확실한 것은 모르겠다. 그러나 속이 답답하고 무엇인가 누구에게 말하지 않고는 못 견딜 심정이기에 쓰고 있는 것 같구나.

서울에 와서 5년이란 세월이 지난 지금, 너에게 할 말이 너무나 없다. 아니 너무 많아서 그런지도 모르겠다.

불행히도 너는 나의 친구.

내가 괴로움을 당하고 있어, 너는 나의 친구이니까 너에게 답답하고 괴로운 심정을 보이는 거다.

바보회 친구들이 하나둘 떠나자 태일이는 원섭이가 그리워진 거야. 원섭이라면 제 마음을 알아줄 것 같았어.

이 편지 마지막에는 평화시장 노동자의 비참한 현실에 대해서도 자세히 쓴단다.

'내가 앞장설 테니 뒤따라오게.'

원섭이에게 이런 당부도 했어. 혹 내가 뜻을 이루지 못하면 원섭이 자네가 내 뜻을 이어 주게, 뭐 이런 부탁의 마음이었지. 태일이의 편지를 읽어 보자.

그 많은 먼지 속에서 하루 14시간의 작업을 마치고 집으로 돌아가는 노동자들의 모습은 너무나 애처롭네.

부한 환경(물질적으로 넉넉한 사회 환경)에서 거부당한 사람들이지만 이 사람들도 체력의 한계가 있는 인간이 아닌가?

원섭아! 나는 재단사로서 이 사람들과 눈만 뜨면 같이 지내거든. 정말 이만저만 고역이 아니야. 이제 겨우 열네 살이 된 어린아이가 아침부터 퇴근 시간까지 그 힘에 겨운 작업량을 제 시간에 못 해서 상관인 재봉사들에게 꾸중을 들어.

부잣집 자녀들 같으면 집에서 아버지 어머니 앞에서 한창 재롱이나 떨 나이에. 생존 경쟁이라는 없어도 될 악마는 이 어린 동심에게 너무나 가혹한 매질을 하네.

이 편지는 원섭이에게 부치지는 않았어. 아마 훗날 자신의 일이 더 어려워지면 보내려고 했던 거 같아. 지금보다 더 큰 장벽을 마주치면 말이야.

1969년 가을, 스물둘의 태일이는 고독했어.

3. 결단

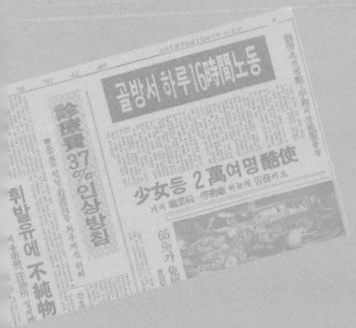

겨리야!

'외로우니까 사람이다'라는 시 구절이 있단다. 고독은 나쁜 것만은 아닌 것 같아. 홀로 될 때, 사람은 자신을 돌아볼 수 있으니까 말야.

'과거가 불우했다고 지금 과거를 원망한다면 불우했던 과거는 너의 영역의 사생아(법률적으로 부부가 아닌 남녀 사이에서 태어난 아이)가 되는 것이 아니냐?'

1969년 12월 31일, 태일이가 쓴 일기야.

사람에게는 누구에게나 지우고 싶은 일이 있어. 기억하고 싶지 않은 과거. 때론 '내가 왜 그랬지' 가슴을 치며 후회하지.

태일이는 일기를 쓰며 다짐했어. 이미 지나간 일에 자꾸 매달리거나 원망하지 말자. 후회도 하지 말자. 가난했던 과거를 잊으려 한다고 사라지지 않는다. 한탄한다고 가난한 삶이 부유해지지 않는다.

내가 누군지를 분명히 알자는 거지. 불우했던 과거를 남 탓으로 돌리지 말고 행복한 삶을 스스로 개척하여 내 운명의 주인이 되자는 말이지.

친구와 함께 사진관에서 빌린 전통 의상을 입고 찍었다.
왼쪽이 전태일

어린 여공들의 품으로

진심으로 하고 싶은 일
- 무엇을 : 옷 만드는 공장에서 근로자를 위해서 근로기준법을 지키는 일
- 누구와 : 옷 만드는 일을 하는 어린 기능공들과
- 언제 : 1970년 여름 이전에
- 어디서 : 서울 평화시장에서

1970년 봄, 태일이는 '모범 공장 계획서'를 만들었어. '모범 공장'은 바보회 시절 친구들과 약속한 사업 가운데 하나야. 바보회가 흐지부지되자 태일이 홀로 시작한 거야.

모범 공장이란 근로기준법을 지키는 사업장이야. 일한 만큼 노동자에게 월급을 주는 사업장이지. 공장을 다니면서도 맘껏 공부하도록 도와주는 거야. 다락방이 없는 작업장을 만들어 편하게 일하고, 환풍기를 달아 폐병에 걸리지 않는 작업 환경을 만든다는 계획이야. 계획서를 볼까?

(가) 나 자신이 직접 옷 만드는 사업을 시작해서 정당한 세금을 낸

다. 근로자를 기계와 다른 인간으로 대우한다. 배워야 할 소년 소녀들도 어리다고 차별하지 않고 사람답게 대우하며 사업을 발전시킨다. 다른 사업주들에게 모범이 될 수 있도록.

태일이가 처음 해고당할 때 사업주가 한 말을 기억하니?

"재단사 주제에 감히 내게 대들어. 그렇게 잘났으면 니가 사업해. 난 자선 사업가가 아니야."

태일이는 모범 공장을 운영해도 돈을 벌 수 있다는 걸 평화시장 사업주에게 보여 주고 싶었어. 사업주들이 스스로 잘못된 생각을 고쳐 모범 공장을 만드는 데 앞장서 주기를 바란 거야.

나는 학력이 없으므로 대학 동창이 없다. 또한 집안 친척들도 가난해 내게 돈을 빌려 줄 수 없다. 내가 할 수 있는 방법이라고는 내가 가진 것을 사회에 내놓는 수밖에 없다. 사회가 필요한 것. 내 한쪽 눈을 사회에 봉사하자. 눈을 사회에 봉사하고 나는 사회로부터 돈 있는 사람을 소개받자.

태일이 썼듯이 모범 공장을 만드는 데 가장 큰 문제는 돈이었어. 어떻게 사업 자금을 만들 것인가, 궁리 끝에 세운 계획이 자신의 눈을 사회에 기증하는 거였어. 그 사연이 알려지면 자신의 아름다운 마음을 알고 돈을 빌려 주는 독지가(사랑과 인정이 많고 친절한 마음을 가진 사람)가 생기리라, 믿은 거지.

마침 신문에 눈을 잃은 사람의 기사가 났어. 태일이는 곧바로 눈을 기증하겠다는 편지를 썼지.

형의 불편을 조금이라도 덜어 주려고 제가 할 수 있는 일을 생각했습니다. 사람이 할 수 있는 일이란 한계가 있지만, 하느님의 사랑으로 저는 두 눈이 있으니, 하느님의 은혜에 감사드리며, 저의 한쪽 눈을 김 형께 드리겠습니다.

형님과 저 사이의 조그만 일이 사회를 위해서 좋은 일이 될 것을 바라면서 답변을 기다립니다.

1970년 3월 23일, 전태일 올림.

하지만 이 편지는 다시 태일이에게 되돌아왔어. 빨간 반송 도장이 찍혀서 말이야.

자신의 눈을 바쳐 공장을 차리려고 했는데 그 계획이 무너진 거지. 평화시장에서 시들시들 죽어 가며 일하는 여공들을 살리겠다는 애절한 마음. 이 마음을 누구도 알아주지 않아. 그 마음을 알릴 길도 없어.

태일이는 잠시 모든 고민을 접기로 했어. 당분간 평화시장을 떠나기로 마음을 먹었지. 태일이는 삼각산 기슭의 한 공사장으로 가기로 했어. 어머니한테는 공사장에서 먹고 자면서 돈을 벌겠다고 하고, 옷보따리를 꾸렸어. 근로기준법과 새 공책 두 권도 함께 챙겼어.

'맞다. 무모하게 달려들지 말자. 차분히 생각하자. 정말 내가 누구인지, 내가 진정 하고 싶은 일이 무엇인지를 찾자.'

태일이는 공사장에서 땀을 흘리며 지금껏 살아온 날을 돌아보는 시간을 가졌어. 너무 쉽게 좌절한 자신의 가슴에 망치질을 하며. 밤마다 공책에다 자신의 생각을 정리했어.

그리고 넉 달이 지난 1970년 8월 9일, 이런 일기를 썼어.

이 결단을 두고 얼마나 오랜 시간을 망설이고 괴로워했던가?
지금 이 시간 완전에 가까운 결단을 내렸다.
나는 돌아가야 한다.
꼭 돌아가야 한다.
불쌍한 내 형제의 곁으로 내 마음의 고향으로,
내 이상의 전부인 평화시장의 어린 동심 곁으로,
생을 두고 맹세한 내가
그 많은 시간과 공상 속에서,
내가 돌보지 않으면 아니 될 나약한 생명체들.
나를 버리고, 나를 죽이고 가마.
조금만 참고 견디어라.
너희들의 곁을 떠나지 않기 위하여
나약한 나를 다 바치마.
너희들은 내 마음의 고향이로다.

오늘은 토요일, 8월 둘째 토요일.
내 마음에 결단을 내린 이날,
무고한 생명체들이 시들고 있는 이때에

한 방울의 이슬이 되기 위하여 발버둥치오니
하느님, 긍휼과 자비를 베풀어 주시옵소서.

평화시장으로 돌아가겠다는 다짐을 했어. 평화시장은 태일이가 사랑하는 형제가 있는 곳이자 태일이의 마음의 고향이야. 태일이는 자신의 몸이 평화시장에서 일하는 노동자들과 한 몸이란 걸 깨우쳤어. 떨어지려 해도 떨어질 수 없는 존재.
삼각산에서 내려온 순간, 태일이는 이미 세상에서 사라졌어. 태일이는 평화시장에서 일하는 모든 이의 몸과 마음속으로 스며들었어. 그들의 곁을 영원히 떠나지 않으려고 태일이는 자신을 버렸어. 이제 자신의 결단을 실천으로 옮기는 일만 남았어.

태일이는 9월 1일에 평화시장에 나타나. 머리를 빡빡 깎고 말이야.
"저 친구 전태일 아니야. 설문지 돌리고 노동운동 하겠다고 설치던?"
"어, 맞네. 어디 큰집에 갔다 왔나 보네. 머리를 빡빡 민 걸 보니."
사람들은 몇 달 동안 보이지 않던 태일이 평화시장에 나타나자 뒤에서 수군수군했어. 큰집은 교도소를 말해. 교도소에 가면 머리를 빡빡 밀거든.
"이제 맘 잡고 일하려나 봐."
태일이는 주위에서 쑥덕거리는 말을 못 들은 척하고 친구를 찾아

갔어. 바보회를 함께 만들었던 영문이를.

영문이는 태일이를 보자 깜짝 놀랐어. 다섯 달 동안 아무런 소식이 없다가 불쑥 나타났으니 놀랄 만도 하지.

태일이는 삼각산 공사장에 다녀온 이야기를 했어.

"공사장에서 땀 좀 흘렸어. 고된 노동을 하며 깨달은 것이 있어. 난 평화시장을 영원히 떠날 수 없다는 거야. 도망치려 해도 도망갈 수가 없어. 평화시장과 나는 한 몸이야. 이곳의 여공들은 내 형제야. 영문아! 부탁한다. 뜻있는 사람끼리 모여 다시 해 보자."

뜻있는 사람이란 지옥 같은 평화시장의 근로 조건을 바꾸려는 사람이겠지. 다시 하자는 것은 근로 조건을 바꾸는 싸움이고.

영문이는 태일이의 제안에 잠깐 갈등했어. '노동자들이 힘이 약한데 과연 공장 주인에 맞서 싸울 수 있을까?' 바보회 시절 고민이 고스란히 되살아났어.

한참 생각에 잠겨 있던 영문이가 태일이의 손을 잡았어.

"그래, 다시 시작하자!"

영문이도 알아. 평화시장은 사람이 일하는 곳이 아니라는 걸. 누군가는 꼭 바꿔 내야 한다는 것을. 그리고 믿은 거야. 태일이의 이글이글 타오르는 눈빛을 보며.

삼각산에서 내려온 태일이는 두려운 게 없어. 이미 자신의 모든 것을 버리고 나섰으니, 더 이상 잃을 게 없는 거야. 잃을 게 없는 사람은 두려울 것도 없어. 싸워서 진다고 해도 빼앗길 게 없잖아.

삼동 친목회

9월 중순이야.

평화시장 앞을 사람들은 '인간시장'이라 불러. 이곳에서 노동자는 일거리를 구하고, 사업주는 일꾼을 찾지. 그래서 이곳을 물건을 사고파는 시장에 빗대어 인간시장이라 부르는 거야. 인간시장은 사시사철 복작거려.

인간시장 앞에서 재단사로 일하는 이승철과 최종인이 만나고 있었어. 그때 태일이가 두툼한 책 한 권과 서류 뭉치를 옆구리에 끼고 지나갔어.

"저 친구 아니? 참 재밌는 친구야."

승철이가 태일이를 가리키며 말했어.

"누군데?"

"평화시장 근로 조건을 바꾸겠다고 밤낮없이 저리 뛰어다녀. 너도 한번 가까이 해 봐."

승철이는 태일이를 바보회 친구한테 소개받은 적이 있었어.

"승철이!"

태일이가 다가왔어.

"어이, 태일이. 어딜 이리 바삐 가는가?"

승철이가 반갑게 물었어.

"동양방송에 '시민의 소리'가 있잖아? 시민들의 고충을 방송에서 이야기하는 프로. 그곳에 찾아가 평화시장 이야기를 하려고. 바쁘지 않으면 함께 가세."

셋은 버스 정류장으로 갔어.

태일이는 종인이와 인사를 나누자마자 옆구리에 끼고 있던 책을 펼치며 근로기준법을 설명했어. 버스에 타서도 근로기준법 이야기는 멈추지 않았단다.

종인이는 이런 법이 있다는 걸 처음 들었어. 뭔 말인지 잘 알아듣지 못했지만 법이 지켜지지 않는 잘못된 현실을 어렴풋하게 느꼈어. 종인이는 법도 법이지만 태일이가 참 신기했어. 남을 위해 저리 열심히 산다는 게 이해가 되질 않아. 뼈 빠지게 일해도 먹고살까 말까 한 시절에 다른 사람 걱정까지 하는 태일이가 말이야.

태일이가 어찌나 열심히 말을 했던지, 그만 동양방송국을 지나쳤어. 셋은 부랴부랴 버스에서 내려 두 정거장을 되걸어 방송국으로 갔어.

방송국에 난생처음 찾아간 태일이는 물어물어 겨우 '시민의 소리' 담당자를 만났어. 태일이는 평화시장의 이야기를 담당자에게 털어놓았어.

"제발 피를 토하며 쓰러져 가는 어린 여공들의 이야기를 방송에서 해 주세요."

방송국 담당자는 바쁘다며 태일이를 피하려고 했어. 억울하다며 찾아오는 사람이 너무 많아 귀찮을 정도거든. 하지만 태일이가 어찌나 간절히 사정을 하는지 무작정 모른 척할 수가 없었나 봐.

"방송에 나가는 게 쉽지 않아. 대기하고 있는 사람도 부지기수야. 일단 자료를 두고 가. 검토해 볼 테니. 바빠서 이만."

담당자는 서둘러 자리를 피했어.

태일이는 검토해 보겠다는 담당자의 말에 조금은 위안을 얻었지. '담당자 앞에 무릎 꿇고 사정해서라도 확답을 받을걸.' 하는 아쉬움도 남았어.

"기왕에 여기까지 왔으니 서울시청 사회과에도 가 보자."

방송국에서 시청까지는 5분 남짓 걸려. 걸어서 사회과에 들어가니 점심시간이야. 담당자가 식사하러 나갔어. 점심시간이 끝나려면 한 시간을 기다려야 해.

"난 여기서 기다릴 건데, 자네들은 시간이 어때?"

"갑작스레 와서 말이야……. 일자리도 알아봐야 하거든."

종인이가 손목시계를 보며 말했어.

"먼저 가. 나는 사회과 직원을 만나고 갈게. 저녁에 인간시장 근처에서 만나자고. 좋은 소식이 있을지 모르니."

태일이는 혼자 기다리겠다며 친구들을 돌려보냈지.

"그럼 나중에 만나세."

태일이는 시청 사회과 직원을 만나 평화시장에서 근로 조건이 법대로 지켜지도록 도와 달라고 했어.

"시청에서는 그럴 힘이 없어. 노동청에 가서 이야기를 해 봐. 근로 조건 같은 것은 노동청에서 알 거야."

태일이가 공무원을 만날 때 가장 많이 듣는 말이야. 다른 부서로 찾아가라는 떠넘기기 수법.

"노동청에 찾아가도 들어주지 않으니 온 것 아닙니까. 저도 서울 시민입니다. 시민의 어려움을 해결해 주려고 시청이 있는 것 아닙니까."

시청 공무원이 당황했어. 젊은 친구가 말을 야무지게 하거든.

"사정은 충분히 알겠지만 다 맡은 일이 있어. 노동청에서 무슨 결정이 나면 나도 열심히 돕겠네. 내 사정도 이해해 주게. 먼저 노동청으로 가 봐."

더 이상 말해 봤자 입만 아프겠다고 생각한 태일이는 시청을 나왔어.

이번에는 10분 남짓 걸어서 노동청으로 갔어.

태일이가 노동청에 찾아가니 담당 직원이 출장 중이라며 슬슬 피하는 거야. 태일이는 화가 났어.

"다른 직원이라도 내 이야기를 듣고 문제를 해결해 줘야 하는 것 아닙니까?"

태일이가 소리를 질렀어. 노동청 직원들은 책상에 고개를 숙인 채 모른 척하는 거야.

"노동청이 노동자의 목소리를 듣지 않다가 큰일을 치를 겁니다. 오늘 일을 후회할 날이 올 거예요!"

태일이는 노동청 직원들을 노려봤어. 태일이를 쳐다보는 공무원은 한 명도 없어. 태일이는 분했어.
"젊은이, 무슨 일이야?"
씩씩거리며 정문을 나서려는데 누가 부르는 거야.
태일이를 뒤쫓아 나온 사람은 기자였어.
"기자요? 정말 기자 맞아요? 그럼 제 이야기를 신문에 실어 줄 수 있나요?"
방송국, 시청, 노동청에서 번번이 문전박대당한 태일이는 기자라는 말에 뛸 듯이 기뻤어. 아니 눈물이 날 지경이야. 자신에게 관심을 갖는 사람이 있다니, 그 사람이 하얀 와이셔츠를 입은 사람이라니, 정말

믿기지가 않았어. 공무원에게 당한 설움이 싹 씻겨 나갔어.

기자는 태일이가 하는 말을 차분하게 끝까지 들었어.

"아니, 그게 사실이야?"

"사실이죠. 아뇨, 제가 말한 것보다 더 지독할 거예요."

태일이가 물었어.

"그럼 기사로 써 주실 거죠?"

"기사가 되려면 좀 더 많은 사람의 이야기를 담아야 해. 평화시장에서 2만 명이 일한다고 했지. 그런데 스무 명 조사한 내용으로는 설득력이 부족해."

기자는 앞으로 태일이가 할 일에 대해서 알려 줬어.

"혼자 하려 하지 말고 여럿이서 힘을 모아 좀 더 많은 조사를 했으면 좋겠어. 그리고 될 수 있으면 많은 사람의 이름을 함께 적어 진정서 (어려운 사정을 진술하여 적은 글. 주로 문제 해결을 위하여 관공서나 공공 기관 등에 내는 문서)를 만들어 봐. 진정서를 노동청에 제출하면 내가 기사를 쓸 테니."

"알겠어요. 당장 친구들을 모아 시작할게요."

태일이는 들뜬 가슴으로 평화시장으로 왔어. 승철이와 종인이가 인간시장 앞에 기다리고 있었어. 태일이는 기자와 나눈 이야기를 했어.

"정말이야? 기자들이 우리 이야기를 써 준대?"

"속고만 살았냐? 이제 제대로 실태 조사를 하자."

태일이는 어깨를 으쓱했어.

'삼동 친목회(삼동회)'. 1970년 9월 16일, 태일이가 재단사들과 새로 만든 모임이야. 삼동이란 평화시장, 동화시장, 통일상가 세 건물을 뜻해.

삼동회는 평화시장 작업 환경을 조사하는 일부터 시작했어. 노동청에 보낼 진정서를 만드는 일이 시급했거든.

회원 한 사람이 함께 뜻을 나눌 사람을 열 명씩 꾸리기로 했어. 바보회 때보다 더 많은 사람이 모여야 힘을 가질 수 있다고 여겼거든.

이뿐만이 아니야. 근로 조건 개선을 요구하는 데 그치지 말자, 요구 사항을 들어주지 않으면 시위와 같은 행동으로 항의하자는 결의도 했지. 이래서 힘이 생기면 삼동회를 노동조합으로 만들자는 계획을 세웠어.

바보회는 자신들이 법도 모르는 바보였음을 깨닫고 법을 지켜 달라고 사업주에게 요구하자는 모임이었지. 삼동회는 요구하는 데에 멈추지 않고, 노동자의 힘으로 권리를 찾는 행동에 나서자고 다짐했어.

태일이는 삼각산 공사장에서 내려올 때 깨우친 것이 있어. 법도 노동청도 노동자의 편이 아니라는 사실이지. 법이 정한 권리는 저절로 주어지지 않는다, 자신의 권리를 지키려고 싸울 때 얻을 수 있다는 걸 태일이는 알고 있었어.

1969년 10월 19일 평화시장 노동자들과 우이동 계곡에 놀러가서 찍었다. 앞 줄 맨 왼쪽이 전태일

태일이는 바보회 때 뼈저리게 경험했어. 사업주에게 간청해서 얻은 결과는 해고였지. 사업주에게 요구했는데 들어주지 않으면, 그다음에 태일이가 할 수 있는 일이라곤 없어. 그래서 좌절했고, 그래서 숱한 고민의 시간을 가졌어.

아빠, 노동자가 사업주한테 대들면 잡혀가잖아?

헌법은 노동자가 노동조합으로 단결하는 것을 보장하고 있어. 노동조합은 노동자들이 뭉쳐 자신의 권리를 지키려는 모임이야. 이를 노동자의 '단결권'이라고 해.

노동자의 '단체교섭권'도 헌법이 보장하지. 단체교섭이란 노동조합과 사업주가 협상을 하는 거야. 노동자 혼자서 사업주에게 요구하면 태일이처럼 해고를 당할 수 있잖아.

노동조합이 사업주에게 교섭을 요구하면 사업주는 노동조합과 성실히 교섭할 의무를 지녀. 사업주가 교섭을 피하면 법으로 처벌받게 되어 있어.

노동자의 '단체행동권'도 헌법에 있어. 단체행동권이란 사업주가 정당한 노동자의 요구를 대화로 풀지 않을 때 행동으로 사업주를 압박하는 거야. 보통 파업을 말하지. 파업이란 노동자가 작업을 멈추는 거야.

단결권, 단체교섭권, 단체행동권을 일컬어 '노동3권'이라고 불러. 헌법이 보장한 노동자의 정당한 권리야.

신문에 나다

삼동회 사람들은 설문 조사를 시작했어. 바보회 시절 실패했던 경험을 되풀이하지 않으려고 무진 애를 썼어.

먼저 믿을 만한 재단사나 미싱사부터 만나기 시작했지. 작업장에 들어갈 때는 사업주가 있나 없나를 살핀 뒤에 들어갔어. 사업주의 친척이 있는 곳은 아예 설문지를 돌리지 않았어. 괜히 설문 조사를 하다 들통이 나서 평화시장 업주들에게 소문이 퍼지면 감시의 눈길이 더 심해질 거라 생각했거든.

이번에는 설문지 126장이 모였어. 그것도 엿새 만에.

태일이는 설문지를 바탕으로 노동청에 낼 진정서를 만들었어.

한 달에 4일을 쉬고 싶은데 2일밖에 못 쉰다. 기업주가 강요하기 때문이다. 하루에 아침 8시부터 오후 5시까지 9시간만 일했으면 싶은데 오전 8시부터 오후 10시까지 14시간을 일한다. 기업주가 강요하기 때문이다.

이처럼 힘든 노동으로 건강이 형편없이 나빠진다. 신경성 위장병을 앓고 있어 식사를 제대로 할 수 없을 정도이며, 눈은 항상 충혈되어 있어서 밝은 햇빛 아래서 눈을 제대로 못 뜨고, 젊은 나이에 신경통까지 않고 있다. 이런 형편인데도 기업주들은 치료는커녕 건강 진단 한 번 제대로 안 시켜 준다. 긴 노동 시간으로 취미인 독서는 할 겨를이 없다. 그렇게까지 일하는데 시다의 한 달 임금은 고작 1,500원이다.

    태일이가 설문 조사를 해서 만든 내용이야. 근로기준법은 오간 데 없어. 참담한 현실이 설문을 통해서 증명이 됐어.
    진정서를 낼 사람들의 이름도 받았지. 94명의 노동자들이 자신의 이름으로 노동청에 진정을 하겠다고 나섰어.
    1970년 10월 6일, 태일이는 '평화시장 피복 제품상 종업원 근로 조건 개선 진정서'를 노동청장에게 전달했어.

    노동청장 귀하

    제목: 평화시장 피복 제품상 종업원 근로 조건 개선 진정

    평화시장 피복 제품상에 근무하고 있는 종업원 2만여 명의 대부분은 매일 12시간 이상의 힘든 노동과 작업 환경의 불량으로 인하여 위장병, 신경통, 눈병 등 각종 직업성 질환에 허덕이고 있음이 우리들의 자체 조사에서 나타났습니다.
    우리 피복 계통에 종사하는 종업원들은 이와 같은 악조건하에서는 더 이상 작업을 계속할 수가 없고, 건강을 더 이상 유지할 수가 없어,

당국의 강력한 시정 조치가 요구된다고 생각되어 94명의 서명으로 진정합니다.

    노동청에 진정서를 제출한 다음 날인 10월 7일. 태일이는 친구들과 함께 경향신문사를 찾아갔어.
    "정말 우리들 이야기가 기사로 나올까?"
    승철이가 태일이에게 물었어.
    "진정서를 내면 기자가 써 준다고 했어. 어디 믿어 보자."
    삼동회 회원들은 어서 빨리 신문이 나오기를 발을 동동 구르며 기다렸어.
    "나왔어. 정말 나왔다."
    '골방서 하루 16시간 노동'.
    커다란 제목으로 사회면에 평화시장 이야기가 실렸어.
    "됐어. 이제야 세상에 우리 목소리가 알려졌어."
    종인이의 손목시계를 전당포에 맡기고 돈을 빌렸어. 그 돈으로 경향신문 300부를 사서 평화시장 앞 인간시장으로 달려갔어.
    삼동회 회원들은 큰 종이를 잘라 '평화시장 기사 특보'라 적은 어깨띠를 만들어 몸에 둘렀어.
    "평화시장 이야기가 신문에 났어요! 신문 보세요!"
    순식간에 신문이 다 팔렸어.
    신문 한 장에 20원 하던 시절이야. 그동안 고생했다며 신문 값으로

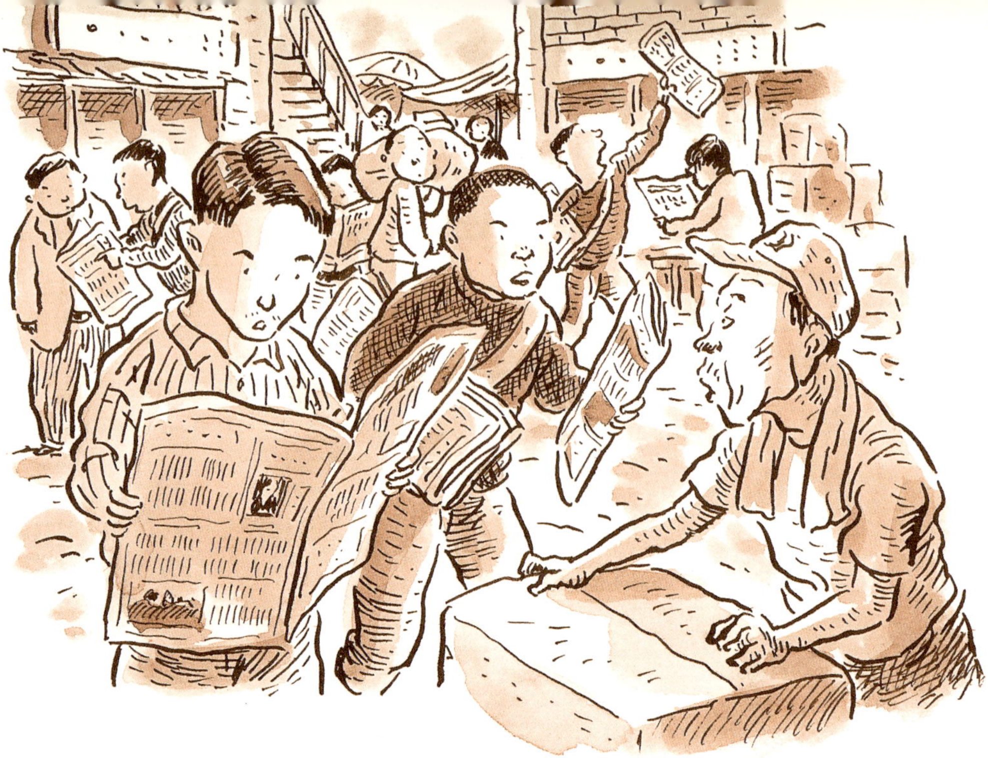

200원을 주고 간 사람들도 있어. 신문을 보고 싶은데 돈이 없어 어쩔 줄 몰라 하는 사람을 보면 그냥 나눠 주기도 했어.

그때 나온 경향신문 기사를 잠깐 볼까?

(음력 9월8일 경신) 경 향 신 문 서기1970년10월7일 (수요일)

71학년도 중학 無試진학 지원자및 수용계획

내년中學진학 희망자 전국에 63万6천명

휘발유에 不純物

서울市警, 注油所 일제搜査

診療費37%인상방침

國立의료원 인턴·看護員등 처우개선 위해

간호원

골방서 하루16時間노동

勤勞조건零點…平和시장被服공장

少女등 2萬여명酷使

거의 職業病…勞動廳 뒤늦게 告發키로

65%가 免稅

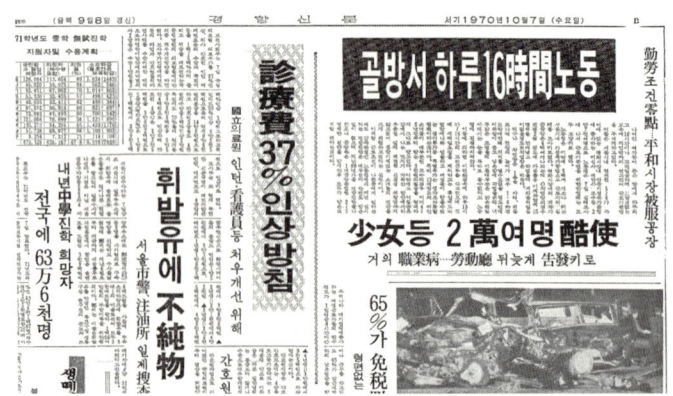

나이 어린 여자들이 좁은 방에서 하루 최고 16시간 동안이나 고된 일을 하며 보잘것없는 보수에 직업병까지 얻고 있어 근로기준법을 무색케 하고 있다. 이들은 서울 시내 청계천 5, 6가 사이에 있는 평화시장 내 각종 기성복 가공업에 종사하는 미싱사, 재단사, 조수 등 2만 7천여 명으로 노동청은 7일 실태 조사에 나서 근로기준법을 위반한 업체는 전부 고발키로 했다. 노동청은 이 밖에 5백여 개나 되는 서울 시내 기성복 가공 업소도 근로자의 실태를 조사키로 했다.

신문 기사가 나오자 어떻게 이럴 수 있냐며 시민들은 분노했어. 사회가 들썩거리자 노동청은 평화시장 실태 조사를 하여 법을 어긴 사업주를 처벌하겠다고 했어.

해마다 연말에 국회에서는 정부 기관에 대한 감사를 해. 잘잘못이 있나 살피는 거야. 이걸 **국정 감사**(국회가 나랏일이 잘 돌아가는지 살펴보고 지적하는 일)라 부르지. 노동청은 이번 국정 감사에서 잘못이 드러나 처벌을 받지 않을까 하는 두려움에 미리 실태 조사를 하겠다고 나선 거야.

태일이는 그날 밤 잠이 오지 않아.

이제껏 세상에서 버림받으며 살아온 노동자들, 발버둥치며 외쳤지만 누구도 들어 주지 않았던 목소리가 일간 신문에 나왔어. 얼마나 가슴이 설레겠니. 태일이가 얼마나 애타게 찾던 일이었니.

저항

　　10월 8일, 태일이는 친구들과 함께 평화시장 주식회사 사무실을 찾아갔어. 노동자들의 요구 조건을 적어서.

　　🥟 다락방 없애라!
　　🥟 환풍기 설치하라!
　　🥟 조명 시설 바꿔라!
　　🥟 노동조합 결성을 지원하라!

　　태일이의 모습은 예전과 달랐어. 공장 주인에게 어린 여공의 어려움을 호소하고 사정하던 모습이 아니야.
　　당당함. 당연히 보장받아야 할 권리를 주장하는 떳떳한 모습. 구걸하거나 애원하지 않고 내 권리를 스스로 찾겠다고 나선 주인 된 모습이야.
　　회사도 태일이를 함부로 대할 수가 없어. 신문에 큼직하게 나서 사회 문제가 되었잖아. 노동청은 법을 어긴 사업주를 고발하겠다고 하고.
　　"진정 내용은 잘 알겠어. 하지만 지금 당장 다 들어주기는 어려우니 조금만 기다려 줘. 환풍기 설치와 조명을 형광등으로 바꾸는 것은 힘써 보지. 어떻게 하루아침에 다 바꿀 수 있겠어."

회사는 이야기를 들어 주는 척하면서도 언제까지 바꾸겠다는 확답을 주지 않았어.

요구 조건을 전달한 태일이는 회사의 답변에 대꾸도 않고 문을 쾅 닫고 나왔어.

'그래. 말로 대충 위기를 넘기겠다는 거지. 이제는 애원하지 않는다. 행동으로 권리를 찾으마.'

입술을 깨물며 다짐했어.

노동청 관리도 마찬가지야. 실태 조사를 하고 사업주를 처벌하겠다는 것도 말장난에 불과했어. 시간이 지나면 조용해질 거라는 얕은 생각을 한 거지.

'배우지 못한 노동자들이 나서서 뭘 제대로 하겠어. 제 풀에 그만둘 거야. 어째든 국정 감사만 조용히 넘기자.'

태일이는 이런 속셈을 훤히 뚫고 있었지. 노동청을 찾아갔어.

"왜 여태 아무것도 개선이 안 됩니까?"

태일이 노동청 근로기준 국장에게 따졌어.

"너희들이 직장도 없이 돌아다니기만 하니까 그러지. 당장 취직을 해. 그러면 일주일 안으로 요구 조건을 다 해결해 줄게."

태일이는 이 말을 믿지 않았어. 하지만 취직을 하기로 했지.

"속는 셈치고 일단 취직을 하자. 그래도 해결이 되지 않으면 실력으로 맞서자고."

태일이는 서둘러 자그마한 공장의 시다로 취직했어.

취직을 하고 일주일이 지났지만 상황은 똑같아. 태일이는 다시 노동청을 찾아갔어.

"왜 약속을 안 지키는 겁니까?"

취직하면 그만둘 줄 알았는데 다시 태일이가 찾아오니 국장이 놀랐겠지.

"그게 아니야. 나도 하려고 온갖 노력을 하는데 현실적으로 불가능해."

"뭐가 불가능하다는 겁니까? 법은 지키라고 만든 거 아닙니까? 노동청에서 조사도 하고 처벌도 하겠다고 했잖아요. 근로기준법을 어긴 사업주가 처벌받은 곳이 한 곳이라도 있어요? 뭐 하나 시정된 것이 있냐 말이에요!"

태일이가 따지자 국장은 약속이 있다며 성급히 자리를 피했어.

태일이는 삼동회 회원들을 불러 모았어.

"봐, 말로는 되지 않아. 이제 우리가 힘을 합쳐 시위를 하는 수밖에 없다."

태일이 친구들을 바라보며 주먹을 쥐었어.

"맞아. 우리 행동이 올바르다는 것은 이미 노동청도 언론사도 인정한 거잖아. 태일이 말처럼 정당한 행동으로 권리를 찾는 길밖에 없다. 힘을 뭉치자."

친구들도 태일이의 말에 공감했어.

"10월 20일 날 노동청 앞에서 약속을 지키라고 시위를 하자."

그런데, 시위 계획을 미리 눈치챈 근로 감독관이 삼동회 회원들을 찾아왔어.

"앞으로 근로 감독권을 강력히 발휘하여, 업주들이 당신들의 요구를 들어주게 할 테니 며칠만 참아 줘. 부탁이네."

근로 감독관이 태일이에게 애원을 했어.

"그럼 며칠만 더 기다리겠습니다. 이번에도 약속을 어기면 앞으로 일어나는 모든 책임은 근로 감독관에게 있어요."

하지만 근로 감독관의 그 약속도 거짓말이었어.

10월 20일은 국회에서 노동청에 대한 감사를 할 때였거든. 근로 감독관은 이 시기만을 어떻게든 조용히 넘기고 싶었어.

아니나 다를까. 국정 감사가 끝나자마자 근로 감독관은 돌변했어.

"너희들 요구 조건은 당초부터 실현 불가능한 일이야. 그만 포기해. 개인적으로 힘든 일은 내가 도와줄 테니, 니네들 실속이나 차려. 그렇게 설치다가 니 인생만 조지는 거야. 시위를 하든 어쩌든 멋대로 해. 경찰은 괜히 있는 줄 알아."

태일이가 근로 감독관을 찾아가 따지자 되레 근로 감독관이 큰 소리로 호통을 치는 거야. 말투도 위협적이야.

태일이는 너무 어이가 없었어.

'이제 남은 길은 한 가지밖에 없다.'

태일이는 최후의 방법을 실행에 옮길 결심을 했어. 마지막 남은 한 가지의 길.

무슨 결단일까? 결단을 한 것은 태일이 자신일까? 결단을 하게끔 만든 다른 것이 있었을까?

태일이는 자신의 차비를 털어 풀빵을 사 주고, 사업주에게 애원을 하며 어린 여공을 돌보려고 했어. 태일이에게 돌아온 결과는 해고였어. 시청을 찾아가고 노동청을 찾아갔어. 신문에 나기도 했어. 하지만 아무것도 바뀐 것이 없어. 철저히 놀림만 받았어.

태일이가 친구들에게 말했어.

"누군가 목숨을 바쳐 싸우지 않고서는 우리 뜻을 이루지 못할 것 같아. 11월 13일, 근로기준법 화형식을 하자. 그날은 죽을 각오로 싸우자. 근로기준법을 평화시장 앞에서 불태우며 우리의 요구를 외치자."

지옥 같은 평화시장의 근로 조건은 노동자에게 노동이 아닌 항거를 요구했어. 사람답게 살아남으려면 목숨을 바쳐 저항하라고 무심한 세상은 노동자의 생명을 요구했어.

1970년 11월 13일

　　근로기준법 화형식을 이틀 앞둔 11월 11일, 한 벌뿐인 양복을 말끔히 다려 입은 태일이는 대구로 내려가는 기차를 탔어. 자신의 생애에서 가장 행복했던 기억이 묻어 있는 청옥 고등 공민학교를 찾아서.
　　그곳에서 부실장을 했던 김예옥을 만나. 둘은 식당에 들어가 칼국수를 시켰어.
　　"웬일이야? 이 먼 곳까지. 서울에 가더니 말쑥한 신사가 되었네."
　　"아, 그냥……."
　　태일이는 얼굴이 붉어진 채 말을 더듬거렸어.
　　"어, 여전하네. 내 앞에서 얼굴 붉어지는 거며, 말 더듬는 거."
　　예옥이는 어쩔 줄 몰라 하는 태일이를 보며 까르륵 웃었어.
　　'보고 싶었다고, 청옥 시절 예옥이 넌 참 예뻤다고, 그래서 짝사랑하며 마음 아파했다고……. 그리고 이젠 널 볼 수 없다고. 난 떠난다고. 멀리 아니 가까이. 영원히 평화시장의 어린 여공들의 품에 살아남으려고 나를 버리고 간다고. 살아서 고백하지 못한 너에 대한 사랑도 이제 버리고, 나는 떠난다고…….'
　　태일이는 하고 싶은 말을 가슴에 묻은 채 대구역에서 예옥이와 헤어졌어. 서울 가는 경부선 열차 안에서 태일이는 굵은 눈물을 흘렸어.

근로기준법 화형식을 하루 앞둔 11월 12일. 태일이는 새벽부터 일어나 분주했어. 책과 공책을 노끈으로 질끈 묶어 방 한구석에 모아 놨어.

"순덕아, 순옥아! 엄마 말 잘 들어야 해."

아침 밥상에 앉은 태일이가 순덕이 머리를 쓰다듬으며 말했어.

"너는 밥 안 먹고 왜 자꾸 그런 소리를 하냐?"

태일이 행동이 이상했던지 어머니가 물었어.

"내가 이제껏 동생들 학용품도 제대로 못 사 줬으니 미안해서 그래요. 엄마한테도 정말 불효막심했어. 엄마가 나를 용서해 줘."

"너 어디로 가는 거냐? 이민이라도 가는 거냐?"

"지금까지 엄마 마음을 받들어서 효도 한번 못 해서 그러지. 엄마 담대하고 건강해야 돼요."

"아니, 너 자꾸 그런 말 하는 걸 보니 뭔 큰 사고라도 칠 거냐!"

태일이의 말에 어머니는 불길한 느낌이 들어 버럭 화를 냈어.

"아, 아니에요. 나도 한살 한살 먹으니까 조금 철이 들어서, 옛날 일이 갑자기 생각나서 그래."

아침밥을 먹은 태일이는 집을 나서면서 어머니를 돌아봤어.

"내일 1시에 평화시장 앞으로 오세요!"

"뭔 일 있냐?"

"엄마, 신문 봤지? 우리 약속 들어준다고 그래 놓고도, 근로 감독관이 이제는 국정 감사 끝났으니까 우리 맘대로 하라며 모른 척해. 우리 내일 시위한다."

"너네들 데모하는데 내가 같이 소리를 지르란 말이냐?"

"아니, 그냥 보고만 있으면 돼."

태일이의 부탁을 어머니는 거부했어. 한 푼이라도 더 벌어야 하는 판국에 헌 옷 장사를 팽개치고 아들 시위하는 데 갈 수 없었던 거지.

"우리 엄마 오시기는 틀렸네."

태일이가 풀이 죽어 어깨를 축 늘어뜨리고 대문을 나섰어.

자꾸 뒤돌아보는 태일이. 어서 가라며 대문 앞에서 손짓하는 어머니. 한발 한발 멀어지는 시간, 그 발걸음 발걸음에 무수한 흔적이 새겨졌어.

11월 13일 오후 1시. 태일이와 삼동회 친구들은 평화시장 3층 어두침침한 복도에 모였어.

근로기준법 화형식을 하기로 한 평화시장 앞에는 500명 남짓한 노동자들이 모여 웅성거려.

삼동회 회원 종인이가 가슴에 숨긴 현수막을 꺼내 건물 밖으로 나서는 순간, 형사들이 달려들었어.

'우리는 기계가 아니다'라고 적힌 현수막을 순식간에 형사에게 빼앗겼어. 형사와 삼동회 회원들끼리 현수막을 두고 실랑이가 벌어졌어.

"그깟 현수막 없어도 싸운다. 모두 내려가자!"

태일이의 말에 친구들이 우르르 건물 밖으로 나갔어.

태일이는 홀로 화장실로 들어갔어. 지난 밤, 화장실 구석에 숨겨 둔 통을 꺼냈어. 뚜껑을 열고 머리 위로 들어 올렸어.
　　머리에서 얼굴로, 얼굴에서 목덜미로, 까만 외투에서 바지로, 바지에서 구두로 하얀 액체가 촉촉이 젖어 와. 유난히 눈가에 액체가 많이 흘렀어. 태일이는 액체의 차가운 느낌이 뼛속까지 느껴지자 몸을 바르르 떨었어.

　　"태일이는 어딨어?"
　　"아, 저기다. 이제 나오네."
　　태일이가 한 손에 근로기준법을 또 한 손에는 라이터를 들고 사람들이 모여 있는 곳으로 천천히 다가왔어. 한 발, 두 발, 세 발…… 친구들 곁으로 다가가던 태일이가 갑자기 라이터를 켰어.
　　근로기준법과 함께 태일이 몸에 붉은 꽃이 피었어.
　　"근로기준법을 지켜라!"
　　"우리는 기계가 아니다!"
　　태일이 목소리가 평화시장을 뒤덮었어. 하늘에는 붉은 꽃잎들이 휘날렸어.
　　"내 죽음을 헛되이 하지 마라!"
　　태일이의 마지막 말이 사그라지자 하늘을 뒤덮었던 붉은 꽃잎들이 평화시장의 어린 여공들 가슴에 사뿐히 내려앉았어.

전태일은 끝나지 않았다

겨리야!

전태일이 불꽃으로 피어난 지 40년이 흘렀어. 하지만 여전히 전태일은 사랑을 실천하는 사람들 가슴속에 살아 있어.

'내가 전태일이 되자!'

전태일의 항거(순종하지 않고 맞서거나 반대하는 것)를 접한 양심 있는 사람들은 다짐했어.

'세상에 다시는 전태일과 같은 죽음이 있어서는 안 된다.'

전태일은 스스로 목숨을 버린 것이 아니야. 세상의 무관심과 냉대가 전태일의 목숨을 앗아 간 거야. 전태일의 죽음 앞에 대학생, 종교인, 노동자, 정치인들은 고개를 숙였어.

40년이 지난 2010년, 다시 전태일 이야기를 꺼낸 까닭이 뭔 줄 아니? 다시는 전태일과 같은 죽음이 우리 사회에서 되풀이되지 않았으면 하는 바람이야.

전태일의 어머니 이소선을 사람들은 '노동자의 어머니'라고 불러. 전태일의 항거 뒤에 아들의 못다 이룬 꿈을 이루려고 이소선은 자신의 일생을 바쳐 노동자와 함께했어.

이소선은 아들의 장례식을 마치고 전태일의 친구인 삼동회 회원들과 '청계 피복 노동조합(청계 노조)'을 만들어.

이소선은 고통받는 노동자들이 있는 곳은 어디라도 가리지 않고 찾아가 함께 싸웠어. 한국의 민주주의를 위해 독재 권력에 맞서 싸우기도 했어.

이소선은 노동자들을 자신의 아들딸이라 불렀어. 이들을 만나면 항상 당부한 말이 있어.

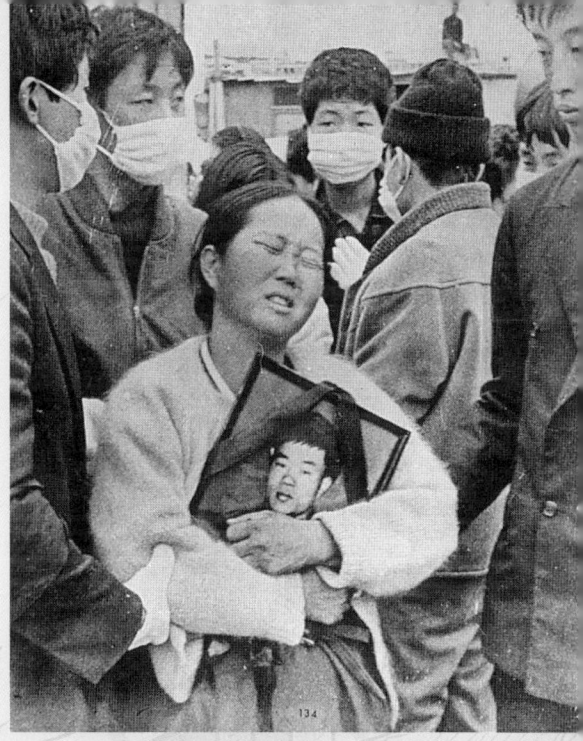

전태일의 어머니 이소선이 아들의 장례식에서 영정을 껴안고 울음을 터뜨리고 있다

"살아서 싸우세요. 죽을 각오로 살아서 싸우면 못 이룰 일이 없어요. 어떤 어려움이 있어도 살아서 싸워야 태일이가 이루지 못한 꿈이 이뤄질 수 있잖아요. 지금 필요한 사람은 살아 있는 전태일이에요. 목숨 바치는 사람이 아니라 목숨 바칠 각오로 끝까지 살아서 싸울 수 있는 사람이 필요한 거예요. 그것이 전태일의 꿈이에요."

아들을 잃은 이소선이 정신을 놓지 않고 이 땅의 노동자와 함께할 수 있었던 것은 전태일의 친구들 때문이야. 친구들은 이소선을 자신의 어머니라고 여기며 40년을 옆에서 지켜 왔어. 이소선과 함께 고통받는 노동자 곁에서 싸웠고, 한국의 민주주의를 위해 싸우다가 감옥에 가기도 했어.

전태일이 그토록 사랑했던 청계천의 노동자들은 청계노조로 모였어. 전태일의 죽음을 헛되이 하지 않으려고, 온몸으로 저항하며 근로 조건을 바꿔 낸 사람들이야. 전태일 정신은 이들의 몸을 통해 잊히지 않고 파닥파닥 살아났어.

청계노조만이 아니야. 노동자들은 스스로 단결해 자신의 권리를 찾는 의로운 싸움에 나섰어. 1987년 여름에는 전국 방방곡곡에서 노동자들이 파업을

2009년 전국노동자대회에서 여든의 이소선 여사가 노동자들에게 이야기하고 있다

했단다. 들불처럼 노동조합이 만들어졌어. 그 힘은 '전국노동조합협의회(전노협)'를 거쳐 '전국민주노동조합총연맹(민주노총)'으로 이어졌어. 해마다 11월에는 '전태일 정신을 계승하는 전국 노동자 대회'가 열리고 있단다.

겨리야!
이제 전태일 이야기를 마쳐야겠네.

전태일의 분신(자기 몸을 스스로 불사르는 일) 항거가 너무 마음이 아프기 때문에 사람들은 전태일의 '죽음'을 강하게 기억해. 하지만 전태일을 제대로 알려면 죽음이 아니라 '삶'을 읽어야 해. 전태일의 삶 속에 우리가 찾는 행복하고 아름다운 세상이 있어. 우리 이웃을 사랑하는 삶, 불의에 맞서 저항하는 삶, 사람답게 사는 세상을 열려고 친구들과 어우러지는 삶. 바로 '살맛 나는 사람 세상을 꿈꾼 바보 청년' 전태일의 삶을 만날 수 있어.

40년의 시간이 흘렀지만 불행히도 이웃에는 고통받고 아픈 사람이 여전히 많단다. 편의점에서 일하는 노동자 가운데 최저 임금을 받지 못하는 사람이 있대. 잔업 수당이 있는지 몰라서 이제껏 받지 못했다고 하소연을 하는 노동자가 있어. 어떤 병원에서 일하는 청소 노동자는 쉴 공간이 없어

2008년 11월 9일, 전태일의 기일과 민주노총 창립일을 기념하는 전국노동자대회가 열린 서울 대학로. 참가자들이 거리를 가득 메우고 있다.

냄새가 나는 화장실에서 밥을 먹는단다. 노동조합을 만들었다고 해고되고, 일하다가 병을 얻었지만 제대로 보상받지 못하고 쫓겨나는 노동자가 있어. 한 반도체 공장에서는 암으로 노동자들이 죽어 나가지만, 회사는 그 진실을 밝히려는 노력은커녕 숨기기에 급급하단다.

　40년이 지난 2010년에도 전태일을 기다리고 찾는 사람이 숱하게 있단다.

　겨리야, 가끔 내가 누리는 행복에 가려 미처 보지 못한 아픈 이웃은 없는지 돌아보자꾸나.

　오늘은 2010년 7월 17일. 대한민국 헌법 탄생을 기념하는 날이야. 장맛비가 멈추지 않네. 아빠는 지금 광화문 앞 열린 시민공원에 왔어. 노동자의 권리를 위해 밥을 굶고 있는 김영훈 민주노총 위원장을 빗속에서 바라보며 마지막 이야기를 마무리한다.

　사랑한다, 미래의 노동자 겨리야!

아빠 씀

어린이를 위한 새로운 인물 돋보기
한겨레 인물탐구

01 **김구** 아름다운 나라를 꿈꾸다
청년백범 글 | 박시백 그림

02 **간디** 폭력을 감싸 안은 비폭력
카트린 하네만 글 | 우베 마이어 그림 | 김지선 옮김

03 **다윈** 세상을 뒤흔든 놀라운 발견
카트린 하네만 글 | 우베 마이어 그림 | 김지선 옮김

04 **마틴 루터 킹** 검은 예수의 꿈
카트린 하네만 글 | 우베 마이어 그림 | 김지선 옮김

05 **전태일** 불꽃이 된 노동자
오도엽 글 | 이상규 그림

06 **제인 구달** 침팬지의 용감한 친구
카트린 하네만 글 | 우베 마이어 그림 | 윤혜정 옮김

07 **윤동주** 별을 노래하는 마음
정지원 글 | 임소희 그림

08 **린드그렌** 삐삐 롱스타킹의 탄생
카트린 하네만 글 | 우베 마이어 그림 | 윤혜정 옮김

09 **공병우** 한글을 사랑한 괴짜 의사
김은식 글 | 이상규 그림

10 **체 게바라** 불가능을 꿈꾼 혁명가
오도엽 글 | 이상규 그림

11 **김대중** 행동하는 양심
손홍규 글 | 김홍모 그림

12 **헬렌 켈러** 세상을 밝힌 작은 거인
윤해윤 글 | 원혜진 그림

13 **방정환** 어린이 세상을 꿈꾸다
오진원 글 | 김금숙 그림

계속 나옵니다.